张世贤 主笔

做个优秀的农民工

U0592735

经济管理出版社
ECONOMY & MANAGEMENT PUBLISHING HOUSE

图书在版编目(CIP)数据

做个优秀的农民工/张世贤主笔 . —北京:经济管理
出版社,2009.9
ISBN 978－7－5096－0530－1

Ⅰ. 做… Ⅱ. 张… Ⅲ. 农民－劳动就业－基本
知识－中国 Ⅳ. D669.2

中国版本图书馆 CIP 数据核字(2009)第 171579 号

出版发行:**经济管理出版社**

北京市海淀区北蜂窝 8 号中雅大厦 11 层
电话:(010)51915602 邮编:100038

印刷:北京银祥印刷厂 经销:新华书店

组稿编辑:房宪鹏 责任编辑:房宪鹏 解传广
技术编辑:杨国强 责任校对:陈 颖

720mm×1000mm/16 10.5 印张 141 千字
2009 年 10 月第 1 版 2012 年 2 月第 5 次印刷

定价:16.00 元

书号:ISBN 978－7－5096－0530－1

前　言

　　这是专门写给农村青年朋友的一本书，或者说是专门写给准备出门打工或已经在外打工的农民工朋友的一本书。怎样做才能做个优秀的农民工呢？

　　外面的世界很精彩！当我们背起行囊，呼朋唤友，结伴同行，准备走向城市的时候，确实需要有闯荡天下的豪情。可是，城里的世界很无奈！我们仅有的知识和技能不足以使我们在城里安身立命。作为新一代农民工，我们不仅要走向城市，而且要融入城市。我们首先必须找到自己的工作岗位，把自己融入公司。我们还需要努力学习，不仅要学习新的技能，还要学习如何提高自己，才能使自己成为一名优秀的农民工。

　　我自己是农民的儿子，对农村、农民和农民工朋友永远有难以割舍的情感！我22岁才离开农村到城市里学习、工作。和农民工朋友一样，刚进城时我也是什么都不懂，一脸的茫然，但我始终牢记父辈的教诲："诚实做人，用心做事，努力学习。"回想自己走过的30多年，我就是这样，不断学习，努力工作，诚实做人。

我一步一个脚印地走过来，不仅做了国家级出版社的社长，还是中国社会科学院——全国最高的哲学社会科学殿堂——的研究员、教授、博士生导师，也算得上是"职场达人"了吧。如果这也算是成功的话，那么除了我那"诚实做人，用心做事，努力学习"的12字原则，其秘诀我就全部写在这本书里了。概括起来就是"一个优秀员工的10项素质"。我认为，这10项素质都很重要！一个人，对公司要忠诚，对工作要负责，要把职业当事业，要具备一种敬业精神，并不断勤奋学习，提高自己的执行力，同时做人要讲诚信，要廉洁自律，要有精益求精的认真态度，还要努力锻造自己自信的性格，培养工作中的团队精神。所有这些，应该说缺一不可。照这样认真去做，就一定会成功。

本书把在职场中做人做事应该做到的10个方面更加明确地写了出来，既是我和自己同事们的自励和互勉，也是想为农民工朋友们指一条明朗的正道。书中可能会有些说教的成分，但那些真实而鲜活的事例应该能够引起你的认真思考。齐勃瓦，一个美国式的农民工，15岁离开自己放牛的家乡到城市打工，从建筑工地最基础的工作做起，最后成为美国最大钢铁公司的老总。我曾在书中两次提到他，都是因为他做事认真，能够维护公司利益，使自己成为一个"可托大事的人"。

我特别想指出的是：正像你从农民到农民

工一样，从农民工到管理者，中间没有任何不可跨越的鸿沟！你的任何努力都是为自己的成长和进步积累资本。没有谁能够取代你，更没有谁能够掩盖你。要活出自己的精彩，就要在工作岗位上展示自己的才华和忠诚。每个人，每时每刻都在塑造自己的雕像。

努力吧！创造价值，证明自己。如果你不想为虚度年华而悔恨，不想因碌碌无为而羞愧，就应该努力做最好的自己。相信你一定能够成功！

张世贤

2009 年 9 月 16 日

目　录

一、忠诚

忠诚是一个人的高尚品格！千古忠良应该是对一个人优秀品格的最高褒奖。一个人可以有勇有谋，有胆有识；而对于一个公司的员工而言，这些都需要建立在忠诚的基础之上。公司需要忠诚的员工，毕竟公司的业绩和发展不仅需要员工的智慧和勤劳，更需要的是员工的忠诚。有了忠诚的道德基础，智慧和才华才能够充分展现出来。

二、负责

比尔·盖茨说："一个人可以平凡，可以清贫，但不可以没有责任感。"责任，是一种永远常青的职业精神。在工作和生活中，责任意味着成长，意味着个人发展的机会；责任意味着成功和价值的实现。老板为什么让你负责？因为一个人敢于负责，才能显示自己的能力。学会负责，让责任成为一种习惯，你就离成功越来越近了！责任是成就人生的基石，也是一个人成就自我、完善自我的翅膀。

三、敬业

敬业作为一种美好的品德，是专指那些踏踏实实、兢兢业业做好本职工作的人。敬业的人往往会以职业为使命，把公司当做生存和发展的平台。敬业的人以维护公司利益为基本的职业道德，他们从不做有损公司形象的事情。他们的敬业精神表现在各个方面，包括努力培养节约的习惯等。

四、勤奋

勤奋在中国的语境里包含工作和学习两个方面。只会工作不注重学习难以进步和提高，最多算勤快；努力工作的同时，努力学习才堪称勤奋。加倍努力，勤奋不减是成为优秀员工的必要条件。保持良好的心态，让工作成为愉快的旅程。勤奋的另一层含义：加强自我修炼，学习力是个人制胜法宝。工作需要激情、信心，更需要毅力。

五、执行力

执行力就是把领导错误的决策做成对的，这是一种极端的说法。其实只要能够像罗文一样去努力执行任务，不找任何借口去努力完成工作，公司的执行力就能够提升。因为优秀的员工不仅有能力，也具有自动自发、努力工作的毅力。具备超强执行力的员工才是优秀的员工，优秀的员工才是公司战略制胜的根本保障。

六、诚信

诚实守信是做人的基本准则。"人而无信，不知其可也！"信守承诺可以让一个员工成为值得信赖的人。每个人都在塑造自己的雕像，只有那些视信誉为生命的人，才能活出真正的精彩。对公司而言，诚信是优秀员工的基本准则。

七、认真

性格决定命运！态度决定一切！认真既是一种工作态度，也是一种生活态度。每个人都在塑造自己的雕像，关键看你是否认真。只有在工作上做到精益求精，你才能够从优秀到卓越，其中最重要的一点是，你是否以主人的心态对待工作。

八、自律

廉洁自律似乎越来越成为对官员的要求。其实不然，每一个人，包括公司的主管和普通员工，都有面对物质利益的时候，都需要一种自律的精神境界。每个人都有个人的欲望和需求，没有欲望的人就失去了奋斗的动力。问题在于我们要学会把握需求与欲望的平衡。追求自身利益的最大化是一个人的经济目标，甚至就是人的本性，但是，你千万别拿本性当借口，一定为自己的心加把锁，远离贪婪。贪婪往往是一个人人生毁灭的导火线。真正具有自律心态的人，往往具备一种谦虚的心态，并常怀感恩之心。

九、自信

自信是一个优秀员工的必备素质。哪怕你就是一个普通的打工者，甚至就是一个农民工，也不能自暴自弃，要有能够圆满完成工作任务的信心和勇气。"我是80后，我能!"是一种自信，自信是开启成功的钥匙。要做到自信而不自负，就必须提升自己的能力，更要注重修养。谦虚永远是一种美德，自信而不自负，才能做一个"可托大事的人"。

十、团队精神

成功的企业不仅有大批优秀的员工，还有由优秀员工组成的优秀团队。一个公司的原材料可以购置，员工可以招聘，资金可以筹借，唯有优秀的团队精神是必须自己培养的。因此，对于员工的团队精神，企业都特别重视。对员工而言，公司就是你的船，在船上，有船长、大副、水手，也有锅炉工和厨师，大家需要相互理解和协作，他们有驶往彼岸的共同愿景，他们愿意为此共同奋斗。在面对困难的时候，他们深知沟通的力量，他们做事到位，敢于越位，及时补位。他们胜利了!

忠诚

　　忠诚是一个人的高尚品格！千古忠良应该是对一个人优秀品格的最高褒奖。一个人可以有勇有谋，有胆有识；而对于一个公司的员工而言，这些都需要建立在忠诚的基础之上。公司需要忠诚的员工，毕竟公司的业绩和发展不仅需要员工的智慧和勤劳，更需要的是员工的忠诚。有了忠诚的道德基础，智慧和才华才能够充分展现出来。

● 忠诚是一个人的高尚品格

忠诚是一个优秀员工首要的品格。公司所需要的首先是一个员工的忠诚品格。具备忠诚品格的人才能成为一个值得信赖的人。

忠诚于自己的工作,忠诚于公司,忠诚于自己的领导,这是一个员工的高尚品德。

在公司领导的眼中,一个员工的忠诚比他的才能重要十倍甚至一百倍。所以,许多领导宁肯要一个才能一般,但是忠诚度高、可以信赖的员工,也不愿意接受一个极富才华和能力,但却总在盘算自己的小九九的人。

许多员工认为,领导不在的时候正是可以放松的时候。每天紧绷着的神经似乎要绷爆了,终于因为领导出去参加什么会议了,或是出国考察、谈判项目去了,自己可以趁机放松一下了。

暂时的放松是可以理解的,也是可以原谅的,但是如果认为这是最好的偷懒时机,那绝对是一个错误。你有没有想过,领导在与不在,对于自己而言,对于自己的工作而言,其实是没有多大区别的。你的工作永远是你分内的事,除非你跳槽不干了,那也许是一种暂时的解脱。可人生的价值又如何体现呢?

如果你认为工作只是做给领导看的,拼命工作仅仅是为了拿一份属于自己的工资,那无论是朝九晚五还是三班倒,对你来说都无所谓。因为你没有更高的追求,仅仅为了挣钱,为了养家糊口而已。可以断定,以这样的心态工作,永远也不会成为一名优秀的员工。

但是,即便如此,在就业竞争如此激烈的今天,除非你身怀绝技,一般来说,还是需要认真对待自己的工作的。只有真正做出成绩来,才能获得领导的信任和重托,才能使你的工作稳定,饭碗有保障,进而争取多拿一点奖金或提一级工资。

忠诚是一个人的高尚品格，也是一个员工的基本道德。一个员工对公司是否忠诚，在领导不在的时候最能体现出来。

忠诚也是做人之本。领导不在，你可以有不同的表现：可以尽职尽责地完成自己的工作，也可以投机取巧；可以一如既往地维护公司的利益，也可以趁机谋私利。但是别忘了，领导可能一时间难以发现，那并非意味着领导永远也不会发现。

领导不在，正是考验一个员工对公司忠诚的时候。一个优秀的员工此时更应该时刻保持应有的忠诚，决不可因小失大，使自己作为一个优秀的员工所具备的道德品质因为一时的疏忽而迷失。

当领导评价你的时候说："不错！忠诚可靠！"这应该是对一个员工人格品质的最高褒奖和最大的肯定。

● 主动工作是忠诚的表现

忠诚不是一句空话，作为基本的职业精神，忠诚应体现在员工工作的方方面面。比如：

你是否把公司的利益和自己的利益捆在一起？

忠诚是一个人的高尚品格，也是一个员工的基本道德。一个员工对公司是否忠诚，在领导不在的时候最能体现出来。

你是否把公司的利益放在了首要的位置?

领导不在的时候,你是否仍然以公司利益为重而不是明哲保身、推卸责任?

肖云龙是一家 IT 公司的销售部经理。一天,他到一家销售公司联系一款最新的打印设备的销售事宜,因为是一款定位为大众化的新品,并且厂家即将开展大规模的广告宣传,为争取更大的市场份额,对经销商的让利幅度也非常大。肖决定在媒体大量宣传报道之前同一些信誉与关系都比较好的经销商敲定首批的订量。

不巧的是,同他一直保持密切业务关系的那家公司的领导不在。当他提起即将推出的新品时,一位负责接待他的员工冷冷地说:"领导不在! 我们可做不了主!"

肖继续把厂家准备如何做该款新设备的宣传,需要经销商如何配合进行渠道开拓的设想向这位接待人员讲解,试图得到他的理解和回应。但是,令他失望的是,那个销售人员根本不听他的解释,只用非常简单的一句话搪塞:"领导不在!"

肖没有任何办法,只好悻悻地走了出来。

他来到有业务联系的第二家公司。不巧的是,这家公司的领导也不在。虽然很失望,肖还是想试一试,看能否说服接待他的人。

接待他的是一位新来不久的女青年,不仅面容姣好,惹人怜爱,工作也特别有热情。当得知肖是来自一家著名的 IT 公司的销售经理的时候,她立即表现出了一个公司员工应有的热情,马上倒了一杯水给肖,还主动介绍了自己的情况。

肖向她说明了来意,她以自己刚刚学到的营销知识,敏锐地感觉到这是一个不错的商机,无论如何不能因为领导不在就让它白白溜走。她主动要求第二天就为他们公司送货,其他具体事宜等领导回来以后再由领导定夺。

结果很清楚,第二家公司的员工在领导不在的时候,女员工的热情一个优秀的员工永远不会缺乏主动工作的精神，他永远都会保持自动自发的精神，他们懂得为自己负责，更懂得要为领导负责，为公司负责。

等于为公司谈成了一桩不错的生意，这款产品在整个S市市场上只有它一家经营，不到一个月就销售了近2000台，为领导净赚了10万多元。而第一家公司的员工却因为领导不在而丧失了很好的商机，等再要求补货的时候，肖在极不情愿的情况下为他们加了几件货，但此时已经失去了获得厂家促销期的优惠待遇，利润自然大打折扣。

肖后来把这件事告诉了第二家公司的领导，领导当然非常高兴，对他招聘的这名新员工很是满意，不仅在公司全员大会上表扬了她，并且对她进行了奖励。领导心里非常明白，一个优秀的员工就应该是这样忠诚于公司的员工，是能够主动工作，敢于承担责任的员工，他们是公司业绩的依靠、利润的来源。

对于第一家公司那个员工的行为，肖没有告诉他们的领导，怕他因此受惩罚甚至被开除。虽然这并不关员工的事，领导既然没有授权，员工当然可以不管，但是公司的业务不能因为领导不在而搁置下来。

当然，如果追查起来，责任可能不在员工，员工完全可以借领导不在推脱一切责任。但是，一个优秀的员工永远不会缺乏主动工作的精神，他永远都会保持自动自发的精神，他们懂得为自己负责，更懂得要为领导负责，为公司负责。

这一切都基于这样一个前提：忠诚。

公司需要忠诚的员工

领导不在，员工更应该摆正自己的心态和位置，更应该秉持一贯的敬业与忠诚，决不可因为脱离了领导的监督而放任自流，这是一个优秀员工必备的品质之一。

领导希望得到忠诚的员工，公司也需要员工的忠诚来维系。下面就是一个值得借鉴的例子。

方成丝钉厂是中部省份的一个县办集体所有制企业，20 世纪 70 年代，工厂的业务特别红火。虽然那时还是计划经济，各种原材料都要依靠计划指标才能购置。但是，它的产品却远销全国各地。

到 20 世纪 80 年代，东南沿海地区开始在计划之外做市场，这种类似于丝钉的产品没有多少技术含量，逐渐被沿海地区价格更便宜、质量更好的产品所替代。

领导不在，员工更应该摆正自己的心态和位置，更应该秉持一贯的敬业与忠诚，决不可因为脱离了领导的监督而放任自流。

产品滞销，工厂的日子当然越来越不好过，慢慢地开始只能发 70％的工资，有时甚至连 70％的工资也不能保证按时发放。很多员工对此很是不满，有的开始在下班的时候往工具包里装钉子，然后到集市上低价倒卖。时间长了工厂越发亏损。

为防止工人下班偷钉子，工厂曾经在大门口安放了大型吸铁石和报警器，搞得人人自危。结果可想而知，工厂最后还是垮了。

垮掉的结果是什么呢？除了有点技术的年轻人离开了工厂，绝大多数的工人从此再也找不到工作。工厂之所以倒闭，缺乏产权约束是一个重要的原因，因为那毕竟是一个集体所有制企业，没有真正的老板，因此没有对工厂的生死存亡负责的人。

但是，如果从员工的角度看，无论如何，这是自己赖以生存的地方，没有了工厂，自己也就失去了劳动的场所，失去了创造价值的地方，失去了工资的来源，苦的还是自己。

对老板而言，公司的生存和发展也需要员工的忠诚。

现在的公司已经完全不同于原来的工厂，许多公司都是老板辛苦创办的，老板投入了大量的资金，目的就是赚钱，同时也承担着难以收回投资甚至破产的风险。但是，老板的利润是由员工创造的，所以，老板只有首先支付员工的工资、福利、保险和奖金，才能获得剩余的利润。

在公司的领导看来，有德无才，误事；有才无德，坏事；有德有才，才能成事。

为了自己的利益，每个创办公司的老板都会尽可能留用那些对公司忠诚的员工。这是因为：即使老板不在的时候，他们也一样努力工作，为公司服务，把公司作为自己施展才华的平台。在公司的领导看来，有德无才，误事；有才无德，坏事；有德有才，才能成事。

一个优秀的员工必须深刻地意识到：自己的利益和公司的利益是一致的，必须全力以赴，努力工作，用创造出来的成绩赢得领导的信任。

对公司忠诚，也是对自己忠诚。一个没有忠诚感的员工不会得到领导的信任与重用。现在，由于经济不景气而使很多大学生找不到工作，这绝不是因为他们没有知识或者缺乏技术。在中国，能够考上大学的青年才俊应该都是有才华的人，但是，那些自负才高，一事当前，先替自己打算，然后才去考虑公司和别人利益的人，总会因为人格与品质的缺陷，在社会上很难找到自己的立足之地。

● 一盎司忠诚等于一磅智慧

忠诚应该是一种普世的价值观。不仅中国人讲忠诚，外国人也一样。英国就有一个妇孺皆知的谚语："一盎司忠诚等于一磅智慧。"意思是说，忠诚比智慧更加珍贵。

盎司和磅都是英国的重量计量单位，其换算关系是 1 磅等于 16 盎司。这种 16 进位制相当于我们中国的老秤。年轻人可能不记得中国还有这样的 1 斤等于 16 两的秤，我们平时所说的"半斤八两"就是从这里来的，这是从秦始皇开始就统一并流传下来的中国几千年的计量方法，如今在农村偶尔还能看见这样的称量工具。

其实在这里，不管我们使用的是英制的磅，还是我国的 16 两老秤，意思只有一个：如果你对公司和领导是忠诚的，那么，你的 1 分忠诚就相当于你工作中所表现出来的 16 分的智慧。足见忠诚对于一个员工是多么重要。

很多公司招聘新员工，不愿意接受应届大学毕业生。一个很主要的原因是新来的大学生往往要"跳槽"。公司下很大工夫对你进行的职业培训，最后都付诸东流了。对员工而言，多找几个工作单位，适应不同的公司文化，学习和掌握更多的技能，更有利于积累自己的人力资本，实现自身更大的价值。这是无可厚非的。但是，对公司而言，频繁跳槽是员工缺乏忠诚度的表现，直接受损害的是企业。其实，如果进一步分析，除了使企业受到伤害之外，这种行为对员工的伤害可能更深。我曾经为好几家媒体单位做过人才招聘的考试工作，对于那些3年换5个单位的应聘者，无论他或她多有才华，一般都是不乐于被接受的。理由很简单，这种人浮躁，期望值过高，特别是：缺乏忠诚度。

因缺乏忠诚度而导致的频繁跳槽，不但不利于个人资源的积累，还容易使自己养成"这山望着那山高"的习惯，从而使自身的价值有所降低。这一说法来自陈书凯编译的《自动自发》一书，原作者就是阿尔伯特·哈伯德，《致加西亚的信》一书的作者。很多公司在招聘员工的时候，对那些频繁跳槽的应聘者往往是婉言谢绝的。领导很清楚，频繁跳槽的员工是对公司缺乏忠诚度的员工。

我们并不否认老板和员工之间的雇佣关系，但是，忠诚可以改变这种关系，使员工成为老板最信得过的优秀助手。作为一名员工，你如果选择为领导做事，为公司做事，其实就是领导的助手。老板的事业成功了，这里肯定有你的辛劳、汗水和智慧；即使老板的事业因为种种原因失败了，他也绝不会归咎于助手的忠诚。这是谁都明白的道理。

忠诚永远是一种美好的品性。在商业社

如果你对公司和领导是忠诚的，那么，你的1分忠诚就相当于工作中所表现出来的16分的智慧。

会，经济的因素很重要，对个人来说，金钱固然是重要的，但是更重要的是一个人的优秀品格。

忠诚是一个人高洁品质的亮点，你会因为自己的忠诚赢得领导的信任，领导会因你的忠诚把你当做朋友看待，关键的时候会把重要的事务托付给你。

对事业的忠诚还能够赢得朋友的高度评价，甚至能够赢得竞争对手的尊敬。这样，你就能够在工作上、在生活上、在事业上为自己打造一片阳光地带，使自己的人生永远充满灿烂和辉煌。

对公司而言，在工作能力之外，个人对公司的忠诚也是评价一个员工的重要标准。没有能力的员工可以培养其能力，使其逐步提高工作能力，最终完全融入到公司之中。如果没有忠诚，即使能力再高，本事再大，对公司也不会有太大的价值，并且潜在的危害一直存在，想得到领导的重用几乎是不可能的。

只有具备忠诚品格的人，才是值得信赖的人，才是可以"托付大事的人"。

● 员工的忠诚会带来客户的忠诚

英国伦敦著名的杜莎夫人蜡像馆是全世界有成就的名人纪念馆。现在像中国的刘翔等著名运动员也都名列其中。1993 年，英国伦敦著名的杜莎夫人蜡像馆出现了一尊东方空姐蜡像。这是杜莎夫人蜡像馆第一次以商业人像为原型而塑造的蜡像，其原型是美丽的新加坡航空公司空姐李曼君，人们把她亲切地称为"新加坡女孩"。

杜莎夫人蜡像馆破例的原因，并不是因为这位女孩的漂亮，而是基于新加坡航空公司完善的服务和长久以来成功塑造东方空姐以客为尊的服务形象。

新加坡航空公司始终以完善的优质服务赢得顾客的信赖。我们知道，在现代航空服务业，由于飞机的安全技术日臻完善，公司之间的竞争基本上集中在正点和服务质量两个方面。对于正点问题，虽然各个航空公司之间都力图摆脱各种外界因素达到安全正点起降，但是，天有不测风云，气象条件的风云变幻始终给航空客运带来意想不到的麻烦。

为了保证飞行的安全，各航空公司总是在尽可能准点的前提下飞行。因此，真正的竞争就集中在服务的态度和质量上面。新加坡航空公司正是因为有了高质量的服务，30多年来不断赢得客户的信任。可以这样说，正是优质的服务塑造了客户对公司的忠诚度。

员工的忠诚也是为公司创造价值的基础，没有这个基础，一切将无从谈起。

客户对公司的忠诚度源于公司的优质服务，公司的优质服务则源于员工对公司的忠诚度。李曼君18岁参加工作，新加坡航空公司是她应聘的第一家公司，也是她至今工作的唯一一家公司。

自从经过严格培训走上飞机以后，李曼君就以她对公司的忠诚奋斗在新加坡航空公司飞往世界各地的航线上。她给顾客心中留下的美好印象，不仅仅是因为她迷人的微笑和优雅的仪表，更多的则是她全心全意替顾客着想的态度，为乘客服务的行为。

李曼君和她的同事们从加入新航的那一天起，一种思想就渗透到了他们的脑海里：假如我们的服务不能超越对手，我们新航就有关门的危险。而新加坡航空公司的利润分配是和每一个员工的工作表现相挂钩的。正是员工对公司的高忠诚度，换来了顾客的高忠诚度。

客户的忠诚是通过每一位员工的优质服务建立起来的，很难想象一个对公司缺乏忠诚感的员工能够为客户提供优质的服务。因此，从这个意义上说，员工的忠诚也是为公司创造价值的基础，没有这个基础，一切将无从谈起。

● 寻找自己的象限

公司的用人标准有许多，主要有两个：能力和人品。

没有能力，难以胜任具体岗位的工作。但更重要的是员工的个人品质，没有这个前提和基础，能力在为公司带来利益的同时也可能带来危害。因此，与品质比较起来，后者对于公司的意义或许更大一些。

个人的品质涉及到很多方面，其中最重要、最关键的就是忠诚。公司衡量一个人的坐标系（见图1）其实很简单：横坐标是忠诚，纵坐标是能力。

既有能力又特别忠诚的员工在第一象限，是最难得的人才，公司不仅要留用，而且要重用。忠诚度越高的人，越能够得到重用。这是优秀员工所在的象限。

有能力但是忠诚度不够的员工往往在第二象限，公司会视情况培养、感化，提升他的忠诚度，一旦达到能够信赖的程度，你就进入了第一象限，公司也会重用。

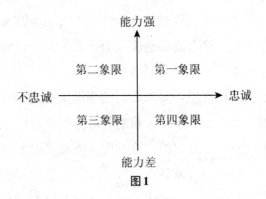

图1

有比较高的忠诚度但是能力比较弱的员工
一般在第四象限，公司会毫不犹豫地留用，通
过各种培训方式提高他的能力，并根据你的能
力提升和业务进步情况逐步委以重任。

对于那种既没有能力又缺乏忠诚度的员
工，领导自然会把他放在第三象限中，并且同
样会毫不犹豫地请他走人，好的说法是"另请
高就"，通常也就是"炒鱿鱼，卷铺盖"的
意思。

需要说明的是，如果公司只看重一个员工
的能力而不在意忠诚度，那么，这样的员工也
不会得到真正的信任与重用，公司肯定会采取
一定的监督措施，以避免可能因其不忠给公司
造成危害。

公司每时每刻都在考验一个员工的忠诚
度。如果一个员工对公司是忠诚的，即使你的
能力一般，也同样能够获得领导的信任；即使
偶尔出现工作方面的疏漏和差错，也能够得到

仔细分析一下
自己，你到底在哪
个象限里？

领导的原谅；如果你既忠诚又有能力，那你肯定能够获得领导的重用。但是，如果一个员工总是趁领导不在的时候偷懒，推卸责任，缺乏对领导和公司的忠诚，很可能就会对他的职业生涯产生不利的影响。

想一想，你希望做哪一种类型的员工呢？

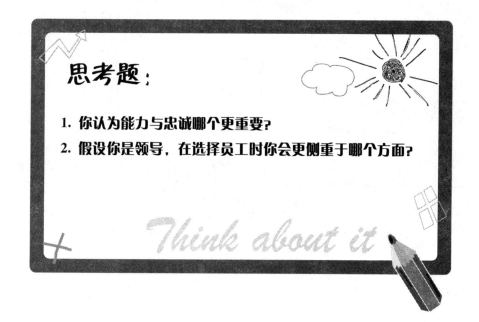

思考题：

1. 你认为能力与忠诚哪个更重要？
2. 假设你是领导，在选择员工时你会更侧重于哪个方面？

Think about it

比尔·盖茨说："一个人可以平凡，可以清贫，但不可以没有责任感。"

责任，是一种永远常青的职业精神。在工作和生活中，责任意味着成长，意味着个人发展的机会；责任意味着成功和价值的实现。老板为什么让你负责？因为一个人敢于负责，才能显示自己的能力。学会负责，让责任成为一种习惯，你就离成功越来越近了！责任是成就人生的基石，也是一个人成就自我、完善自我的翅膀。

责任无法逃避

要工作，就要负责。这是公司的基本要求。现在的社会可能是一个各种禁忌相继崩溃的社会。对于一个年轻人，没有什么能约束你，约束你的只有自己的心。同样，工作中的任何责任你都可以找个合适的理由逃避，但是你的心可以做到没有任何愧疚吗？

在遇到困难的时候，一个主动承担责任的员工会让大家十分感动，甚至就是局外人也会对这种正直和勇气钦佩不已。但是我们是不是应该反过来思考一下，当自己面对责任的时候又会怎样呢？

也许逃避一次责任会让你窃喜，以为聪明本来就是属于你的，而别人是傻瓜。可是，只有当发现此后责任再也不会在你面前出现的时候你才会明白，那些承担过责任的人有了更丰富的经验，有了更好的职务，甚至领导都和他称兄道弟，他们其实并不傻。

而你自己呢？除了一般的日常工作，没有人和你深入交流，你孤单了，因为没有人觉得和你在一起有什么必要，有你和没有你有什么区别呢？反正关键的时候你总是玩儿失踪或者一推了之。

不过话说回来，也许你在遇到困难或者做错

当担负责任成为习惯时，你的身上就会焕发出无穷的人格魅力！

了事情时依然会逃避责任。逃避责任是行动上的事实，但是我不相信你的内心一定同意你在行动上去这样做的。也许你心里说我要负责，可是行动起来却两腿发软。如果是这样，首先要恭喜你，你是一个心智正常的人。你所需要的就是迈出扎实的第一步！一旦迈出这一步，你就能够成为强者。

当担负责任成为习惯时，你的身上就会焕发出无穷的人格魅力！

这是一个医生亲眼目睹的一件普通得不能再普通的突发事件。

江浙地区一个城乡结合部正在大搞建设，工地一角突然坍塌，脚手架、钢筋、水泥、红砖无情地倒向下面正在吃午饭的民工的躯体，烟尘四起的工地顿时传来伤者痛苦的呻吟。

这一切都被路过的两辆旅游大客车上的人看在眼里。旅游车停在路口，从车里迅速下来几十名年过半百的老人，他们好像没听见领队"时间来不及了"的抱怨，马上开始有条不紊地抢救伤者。

现场没有夸张的呼喊，没有感人的誓言，只有训练有素的双手和默契的配合。没有手术刀就用瓷碗碎片打开腹腔，没有纱布就用换洗衬衣压住伤口。急救车赶来的时候，已经是50分钟以后的事情，从一个外科医生的视角来看，这些老人至少保住了10个民工的生命。

在机场，这名医生又遇到了这些老人的领队，两个时尚的年轻姑娘一边激烈地讨论这么多机票改签和当地地陪的费用结算问题，一边抱怨这些老人管了闲事却让她们两个为难。

老人们此时已经换上了干净的衣服。我看清了，他们身上很多都是去掉了肩章的制服衬衣，陆海空都有，每个人都以平静祥和的神态四下张望候机厅的设施。我断断续续听到其中一个老人面有歉疚地对两个年轻姑娘说道：

"军医同学……不管心里多么过意不去……老头儿们就这脾气……"

是啊，这个老人说得对，如果说责任还可以逃避，但你的心能吗？一个人可以完全忘掉歉疚，或者带着歉疚生活一辈子，只要他觉得这份歉疚对自己不会有任何影响。可是，你要知道，任何经历过的歉疚都会像酸醋腐蚀铁制的容器一样慢慢侵蚀你的心灵，久而久之，让你再也无法用明亮清澈的眼睛和一颗坦然的心对待工作和生活。

一个人承担的责任越多、越大，证明他的价值就越大。在公司里，只有勇于承担责任的员工才会得到领导的信任，才会得到重用。

所以，你应该为所承担的一切责任感到自豪。想证明自己最好的方式就是去承担责任，如果你能担当起来，那么祝贺你，因为你不仅向自己证明了自己存在的价值，你还向公司和领导证明你能行，你很出色。

只有当一个人从心底改变了自己对承担责任的理解，认识到责任不仅是对公司的一种负责，也是对自己的一种负责，并在这种负责中感受到自身的价值和自己所获得的尊重和认同时，他才能从承担责任中获得满足。

承担责任，努力工作，对一个优秀的员工而言，感受更多的不是压力而是一种快乐和幸福；对企业领导而言，他也正是可以真正放心的员工，可托付大事的员工。

试着去承担一些责任，并且为这份责任付出自己的努力吧。你会发现心情会随之明媚，智慧会随之增加，能力会随之增长，人格魅力也在显示，你的周围会聚集更多志同道合的同事，让你在不知不觉中成为一个优秀团队的核心。

一个人应该为自己所承担的责任感到骄傲，因为你已经向别人证明，你比别人更突出，你比他们更强。

你，值得信赖！

● 公司只信赖负责的人

大众汽车公司在德国并不是顶尖的汽车公司，像奔驰、宝马等都比它厉害，但现在，它却是德国规模最大的汽车公司。中国汽车工业改革开放以后第一大规模引进的合资者就是大众汽车公司。这其中就有一个故事值得我们思考，它反映了大众公司的那种值得钦佩的认真负责精神。

当中国的代表团在德国考察的时候，代表团车队的先导车由于开得较快而和后面的车队拉开了距离。为了等待后面的车辆，先导车暂时停在了路边的临时停车带上。不一会儿，一辆大众跑车经过后立即停了下来，驾车的是一对德国年轻夫妇，他们问代表团的人员，是不是车辆出了问题，是否需要他们帮忙。原来这对夫妇是大众汽车公司的员工，而代表团的先导车刚好就是大众汽车。

这对年轻人可能是要去度假，也可能是要去参加朋友的派对，并不是在他们的工作时间，也没有领导在身边，仅仅是因为停靠的车辆是大众汽车，居然能够引起他们如此热心的关注。显然，他们已经把与公司有关的任何问题都当成了自己的责任。也许正是这种责任心感动了中国的代表团，大众汽车成为 20 世纪 80 年代中国的第一家合资公司。它不仅率先成功投资中国，而且在中国得到了突飞猛进的发展。也正是这种责任感使得大众汽车在激烈竞争的环境里保持着一贯的竞争优势。

对公司而言，员工的责任心是公司产品竞争的立足点；对个人而言，责任心是事业成功的基本保证。责任心是一个人一生能否有所成就的重要砝码。如果你能够完全负起责任，你就是可托大事的人；反之，如果你习惯于敷衍塞责，应付了事，你可能永远做不出成就来，那么也就庸庸碌碌一辈子。

因此，当需要一个员工承担起责任的时候，很能考验出一个人究竟是在责任心天平上的哪一端。

有人讲过这样一个真实的故事，让我时时想起，记忆犹新。

改革开放以后，上海一家台湾贸易公司的应聘现场聚集了很多人。他们都有着相当的学识背景和优秀的工作经历，个个衣冠楚楚，举手投足都是那么自信。最后，经理把一个默不作声的年轻人叫到跟前。很多人问其原因，经理说："当别人争先恐后显示自己的时候，只有他把别人碰掉的公司铭牌拾起来摆放好。"

当然，这个年轻人最终得到了应聘的职位：仓库管理员。

在以后的工作中，这个年轻人的话不多，但是，凡他管理过的仓库总会井井有条，货物清单条目清楚。有人问他："你怎么总会做得那么好呢？"年轻人依旧平静温和地微笑着说："谁都愿意工作起来顺手啊，我就是想让大家省点力气罢了。"

后来，这家公司经营上出现了一些波折，很多员工一走了之，他却坚持留了下来。老板问他为什么不走，他平静地说："经营不好的公司也需要人干活啊。"尽管薪水少得可怜，可是他做起事情却依旧中规中矩，一丝不苟。

他正是凭着自己的责任心和忠诚在公司从普通的仓库保管员做到了仓储部经理。经过几年的努力，他升任物流部总经理。当老板看着年轻人递给他这些年的工作记录和往来账目，拍着他的肩膀说："可托大事！"

所谓责任，无非有两点含义：

第一，做好你分内应做的事；

第二，如果没有做好分内应做的事，你必须因此承担过失。

后来这个年轻人凭借自己良好的声誉开了一家自己的公司。当年的老板却因为财务纠纷身陷囹圄，临行前将所有房产和股权证明都托这个年轻人代为保管。

时光荏苒，转眼到了 21 世纪。当年的老板已经退休。一天，有位中年人来拜访，老人定睛一看，正是当年托付的那位年轻人。他打开提包，里面是当年包裹得完整的房产证和股权证明。后来得知，当年的年轻人生意一度红火，但为了保存这些东西，他不得不变卖自己的公司替老板付债。

可惜就在去年，这位当年的年轻人意外身故。知悉此事者有近千人自发地为他送别。这些人或者他们的家人都曾经在他的公司里工作过，他们每个人都不曾因为经济萧条而被解雇。他们每个人都记得他生前说过的话："我总有让大伙儿吃口饭的责任。"

其实，说到这里我们都明白这是很普通的责任心的问题。但是现实工作中能够保持这份责任心却不是一件容易的事情。我们的责任心应该说就像一架天平，稍有偏差就会使倾斜立见分晓。

什么是责任？也许你认为自己心里很清楚，可是要说却说不出来。那么好了，我们不妨这样来看。所谓责任，无非有两点含义：

第一，你应当承担的义务，换句话说，你要做好你分内应做的事；

第二，如果没有做好分内应做的事，你将因此承担过失。

可实际上，很多人在工作中根本没有做好分内的事情，更不要说要他们为此承担责任了。看看下面的问题，然后你自己为自己回答。

1. 下班后，你有没有发一些关于工作的牢骚？

2. 周一的早晨和周五的黄昏，你更喜欢哪一个时刻？

3. 在单位里，排列出你最不喜欢的 3 个同事。

4. 要你做额外的工作但是补偿很少，你的第一反应是怎样的？

5. 你佩服你的上司吗？

6. 如果你觉得自己有比目前更好的建议，你会怎么做？

如果你对上面问题的回答连自己都不满意，那么真的有必要检讨一下自己的责任心了。

● 为什么要你负责?

很多人都有过这样的经历，当受到领导批评的时候感到很委屈，常常脱口而出一句："大家都有责任，凭什么要我负责？"

是啊是啊，凭什么单单让你负责呢？在大多数员工的意识里，负责就意味着承认自己的错误，而这些过失又绝对是让你认为在同事面前大丢面子、威信扫地的事情。事实果真如此吗？

其实不尽然！

负责是一种正视自己的理性，也是敢于担当的勇气。一件事情可能由很多人在一起完成，但是承担责任的你却是其中的灵魂，其他人是在你的带动下工作呢。

从另一个角度看，如果领导明确针对你，要你对此负责，那么你首先应该想到三点：

1. 你和这件事情有很大关系；

2. 你可能是这件事的核心人物；

3. 上级给了你一次展示能力的机会。

如果你能够这样看待责任问题，就不会觉得自己很委屈了。

斤斤计较不会让你显得更精明，反而容易暴露出狭隘的世俗之气。中国有句老话：吃亏是福。这古老的辩证法是自有其道理的。你在一个方面的付出，必定会在其他方面得到回报。公司的成功需要全体成员的努力，你也是其中一个组成成分，所以，一个优秀的员工在毫无怨言地接受任务的同时，也要勇于承担责任。

在任何一个公司里，再完整的规章制度、再详细的职务说明书都不可能把一个人应做的每件事都讲得清清楚楚。有时会临时跳出一些事来，临时接受一个工作任务，没有什么明确规定说这些临时的事情应该由谁

负责是一种正视自己的理性，也是敢于担当的勇气。

负责。如果被指派的人都说："凭什么要我去？我又不是专门负责这项工作的。"那么可以肯定的是，这种斤斤计较、患得患失的人在一个组织里难有出头之日。没有哪一个公司会对那些遇事就"溜肩膀"的人委以重任。

公司里总是有很多临时的或意想不到的事情，而这些事情又是一定要人去做的。面对这种对集体负责的机会，如果在你力所能及范围之内，你就要一口答应，毫不犹豫地一肩挑起。如果你任劳任怨、不计得失地做了，领导不但会在心里非常赏识你，甚至会非常感激你，即使当时不说，也会利用另外的机会予以奖励和回报。同时，因为你在大家需要的时候用你的肩膀替大家承担了相应的责任，威望也将逐步建立起来。

另外要注意的是，对于负责这个概念来说，除了有英雄般外在的一面，也和默默的自律有很大关系。前者是在众人为难的时候给你成为信念的实践者提供了机会，而后者则会使你形成乐观积极的工作心态。

在我装修房子的时候，我亲眼看见了各种各样的工人，有的细致，有的马虎。给我印象最深刻的是一个四川青年，个子不高但人很爽快，他宁可用自己的手试验胶水的牢度也不会浪费我的一块木板。他不仅活干得漂亮，并且还给我节省了很多材料，什么钉子、胶水、木材等，其实这些都是我参照别人家的用量买的。在他要离开的时候我问他：

"每次都是这么细致地给别人干活，不觉得亏吗？"

他一笑："活儿是给自己干的！"

我非常吃惊！这句好似富有禅机的话竟然是从一个民工嘴里说出来的。

他说："爷爷小的时候买不起房子，每天就是一块木板、一个钉子加到上面去。到了我懂事的时候，房子大了也巴巴实实地（四川方言：结实的意思）。爷爷说，啥子都是一样的，你糊弄它，它就要到你起（和糊弄的意思相近）。我给别人干活也就像盖房子，敲进去一颗钉子，加上去一块木地板儿——活儿干得漂亮，人家给我传播好名声；干不好，人家给我传播坏名声。你说要哪样呢？再说，主家看了高兴请我的客，我还不是开心的？你们北京同仁堂不就有副对联吗，'炮制虽繁必不敢省人工，品味虽贵必不敢减物力'……"

"喂喂喂，还有你不懂得的吗？"我逗他。

"哈哈哈……"他又是那么爽快地大笑起来。

我就此相信，如果他愿意，早晚会有属于他自己的一间公司。

工作中，我们不仅需要智慧，而且要时刻坚守自律的责任！房子可以拆了再盖，可人生不能拆了重来，所以有人说："人生就是一项你自己建造的，也是建造自己的工程。"

活儿是给自己干的，责任也是给自己负的。难道不是这样吗？

● 人人敬重有责任感的人

有一部非常感人的电影叫《勇敢的心》，说的是苏格兰人追求独立自由的故事。其中男主角对苏格兰王位继承者说的一句话让人至今难忘。

"人们总是追随勇敢的人，如果你为他们争得自由，他们就会追随

人们总是追随勇敢的人，如果你为他们争得自由，他们就会追随你。

你，我也会。"

主人公将民族的责任用简单的语言表述得清清楚楚，不难看出，一个人最有魅力的时刻莫过他承担起责任的那一瞬间。

有这样一个真实的故事：

思坦因曼斯是德国的一位工程技术人员，因为德国国内经济不景气而失业后来到美国。由于举目无亲，他根本无法立足，只得到处流浪，直到幸运地得到一家小工厂领导的青睐，雇用他担任制造机器马达的技术人员为止。思坦因曼斯是一个对工作富于钻研的人，很快便掌握了马达制造的核心技术。

一天，美国的福特公司有一台马达坏了，公司所有的技术人员都没能修好。正在一筹莫展的时候，有人推荐了思坦因曼斯，福特公司马上派人请他。

思坦因曼斯要了一张席子铺在电机旁，先聚精会神地听了三天，然后又要了梯子，爬上爬下忙了多时，最后他在电机的一个部位用粉笔画了一道线，写下了"这儿的线圈多绕了16圈"。福特公司的技术人员按照思坦因曼斯的建议，拆开电机把多余的16圈线取走，再开机，电机正常运转了。

福特公司总裁福特先生得知后，对这位技术员十分欣赏，先是给了他1万美元的酬金，然后又亲自邀请思坦因曼斯加盟福特公司。但思坦因曼斯却向福特先生说，他不能离开那家小工厂，因为那家小工厂的领导在他最困难的时候帮助了他。

福特先生先是觉得遗憾万分，继而感慨不已。福特公司在美国是实力雄厚的大公司，人们都以进福特公司为荣，而这个人却因为对人负责而舍弃这样的机会。

不久，福特先生做出收购思坦因曼斯所在的那家小工厂的决定。董事会的成员都觉得不可思议，这样一家小工厂怎么会进入福特的视野呢？福特先生意味深长地说："因为那里有思坦因曼斯！"

思坦因曼斯的责任感是应该受到所有人尊敬的。人们永远尊重有责任感的人，就像永远尊重对自己的人格负责的人一样。

如果说上面的故事离我们有些遥远，那么看看我们身边吧！比如你的同事在工作中出现了失误，不论和你有没有关系，千万不要幸灾乐祸或冷眼旁观，你的冷漠会令他们极为寒心。如果你能够在此时施以援手，会使你的同事感到温暖。

如果对方是需要信心的人，那么就去帮助他总结教训多加劝慰；如果对方需要冷静，那么就递给他一杯水然后悄然离开；如果他一个人支撑不住的时候，那么就挺起胸和他站在一起！

己所不欲，勿施于人。当你犯了错误、失败的时候，也希望得到别人的帮助劝慰而非冷嘲热讽甚至落井下石。将心比心，办公室也是如此，如果你能体谅同事的处境，并且在他们需要的时

人们永远尊重有责任感的人，就像永远尊重对自己的人格负责的人一样。

候伸出援助之手，你定会得到大家的信任，久而久之你就成了办公室的核心，成为大家心目中的楷模。

负责是一种人格力量

尽管我们同情弱者，可是我们绝不欣赏苟且。"君子坦荡荡，小人长戚戚。"光明磊落的人永远都是人格上的胜利者。

负责的表现有很多种方式，比如耐心细致地负责就是一种。我们经常忽略了办公室里那个默默无闻的文员，直到有一天传真、文件、合同、电话一团糟的时候才意识到她那天请了病假。

还有一种是坦荡理智地负责。比如上级大发雷霆让一群下属战战兢兢，只有那个涨红了脸的人直视领导的目光，坦然面对，勇敢地承担起全部责任，并认真仔细分析失败的真正原因。

负责的概念有时是比较模糊的，责任的边界也往往是不清楚的。面对同样的工作，有的员工就会多做一些，有的人则能偷懒就少做一点。别看这一多一少，这正是一个人人格的分水岭。敢于承担责任，任劳任怨是一种高尚的人格，但是敢于负责是需要很大勇气的。遇事推诿、不敢承担责任，是一种低俗人格的表现。所以说，在责任心的天平上，最能称量出一个人的人格品质。

是的，当你准备负责任的时候，那么你就独立于大多数同事之外了。可能没有人会帮助你，甚至可能真的因为问题严重而让你一个人承担全部最坏的结果，可是，如果选择逃避责任，虽然你一时不会失去这份工作，但长此以往，谁肯和一个不敢承担责任的人在一起做事情呢？日复一日，每次都是如此逃避直到众人都无视你的存在，那么你在这里的工作还有什么意义呢？

如果你愿意，不妨轻声告诉自己挺起胸膛，用这些庸庸碌碌毫无意义的日子换取一个机会，一个让众人重新认识你的机会，告诉自己也告诉别人：你可以解雇我，但是你无权扭曲我的人格！

如果你这样做了，你就维护了自己人格的尊严。胜人者有力，自胜者强。你的强大会影响更多的人并使他们团结在你的周围。如果敢于承担责任，你就因此而会远离最初让你感觉到的孤独和无助。

敢于承担责任，任劳任怨是一种高尚的人格；遇事推诿、不敢承担责任，是一种低俗的人格。在责任心的天平上，最能称量出一个人的人格品质。

那些凡是不愿意多承担责任的员工只有两种出路，一辈子在原地踏步，或是被别人蔑视，永无出头之日。

在一个公司里，有一些员工往往认为只有那些有权力的人才有责任，而自己只是一名普通员工，根本没有什么责任可言。如果你是有这样想法的员工，那么，我想告诉你的是：没有意识到责任并不等于没有责任。换句话说，没有意识到责任就是对责任的另一种逃避，每个员工都要认识到自己承担岗位责任的事实。有岗位就有责任。

负责的精神如果贯穿在一个人的整体意识当中，就会渐渐演变成为一种处世的态度，也就是我们常说的认真负责。而这种持之以恒的力量所带来的结果，也许是你永远始料不及的。

阿基勃特是美国标准石油公司的一名普通职员，但他无论在什么场合中签名，都不忘附加上公司的一句宣传语"每桶4美元的标准石油"。时间长了，同事朋友们干脆给他取了个"每桶4

美元"的外号，他的真名反而没人再叫了。

公司董事长洛克菲勒听说了此事，便叫来阿基勃特，问他："别人用'每桶4美元'的外号叫你，你为什么不生气呢？"阿基勃特答道："'每桶4美元'不正是我们公司的宣传语吗？别人叫我一次，就是替公司免费做了一次宣传，我为什么要生气呢？"

洛克菲勒感叹道："时时处处都不忘为公司做宣传，我们需要的正是这样的职员。"

五年后，洛克菲勒卸下董事长一职，阿基勃特成为了标准石油公司的下一任董事长，他得到升迁的重要原因就是之前坚持不懈地为公司做宣传。

阿基勃特说：我成功，就是因为我关注了别人忽视的小事情。如今，一个世纪过去了，石油价格已经上涨了40倍，即使再暴跌，也回不到4美元的标准了，但是阿基勃特的这种对公司负责的精神则是一个优秀员工应该永远具备的精神财富。不要因为没有什么惊天动地的事情让自己完美而沮丧，积极地对待你所遇到的每一件小事，或许以后的成功就是因它们而来。机遇对每个人都是平等的，它就像一块柔软的橡皮泥，到底是什么形状，完全依靠捏橡皮泥的人自己。

在工作中，应该认真对待每一件小事，同样，生活中也要养成这种习惯。

记住：小事同样能造就成功。

● 做一个勇于承担责任的员工

深圳有一家香港公司的办事处，只有一位主管和一位职员。办事处刚成立时需要申报税项，由于当时很多这样性质的办事处都没有申报，再加上这家办事处没有营业收入，所以这家办事处也没申报。

　　两年后，在税务检查中，税务局发现这家办事处没有纳过税，于是做出了罚款决定，数额有几万元。

　　这家办事处的香港领导知道这件事后，就单独问这位主管："你当时怎么想的，导致发生这样的事情？"

　　这位主管说："当时我想到了税务申报，但职员说很多公司都不申报，我们也不用申报了。另外，考虑到可以给公司省些钱，我也就没再考虑，并且这些事情都是由职员一手操办的。"

　　领导又找到这位职员，问了同样的问题。这位职员说："从为公司省钱的角度，再加上我们没有营业收入和其他公司也没申报，我把这种情况同主管说了，最终申不申报还应由主管做决定，他没跟我说，我也就没报。"

　　很自然，这位主管马上就被香港的领导"炒鱿鱼"了。本应是他承担的责任却推卸给了一名普通员工，这样的主管每个领导都不会欣赏。

　　一个优秀的员工必定是一个负责的员工，这是一种职业修养，更是高尚人格的体现。

　　在一个企业的内部，不同岗位的人拥有不同的岗位职责，每个人都不应该因为领导不在或者没有人监督，就放松了对自己岗位职责的要求。忠于职守是一个员工价值和责任感的最佳体现。

　　老吴是个退伍军人，几年前经朋友介绍来到一家工厂做仓库保管员，虽然工作不繁重，无非就是按时关灯，关好门窗，注意防火、防盗，等等，但老吴却做得超乎常人的认真，他不仅每天做好来往的工作人员提货日志，将货物有条不紊地码放整齐，还从不间断地对仓库的各个角落进行打扫清理。

三年下来，仓库居然没有发生一起失火失盗案件，其他工作人员每次提货也都会在最短的时间里找到所提的货物。就在工厂建厂 20 周年的庆功会上，厂长按老员工的级别亲自为老吴颁发了奖金 5000 元。好多老职工不理解，老吴才来厂里三年，凭什么能够拿到这个老员工的奖项？

厂长看出了大家的不满，于是说道："你们知道我这三年中检查过几次咱们厂的仓库吗？一次没有！这不是说我工作没做到，其实我一直很了解咱们厂的仓库保管情况。作为一名普通的仓库保管员，老吴能够做到三年如一日地不出差错，而且积极配合其他部门人员的工作，对自己的岗位忠于职守，比起一些老职工来说，老吴真正做到了爱厂如家，我觉得这个奖励他当之无愧！"

可以想象，只要你在自己的位置上真正领会到"认真负责"四个字的重要性，踏踏实实地完成自己的任务，不论领导是否在场，都能兢兢业业，那么，你迟早会得到回报的。

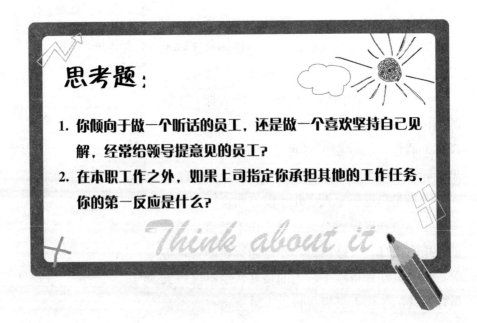

思考题：

1. 你倾向于做一个听话的员工，还是做一个喜欢坚持自己见解，经常给领导提意见的员工？

2. 在本职工作之外，如果上司指定你承担其他的工作任务，你的第一反应是什么？

Think about it

三

敬业

　　敬业作为一种美好的品德，是专指那些踏踏实实、兢兢业业做好本职工作的人。敬业的人往往会以职业为使命，把公司当做生存和发展的平台。敬业的人以维护公司利益为基本的职业道德，他们从不做有损公司形象的事情。他们的敬业精神表现在各个方面，包括努力培养节约的习惯等。

● 以职业为使命

什么是使命感？使命感就是无论给予自己的任务有什么困难，都要有一定要完成的坚强信念。如果缺少这个"使命感"，你就很难成为一个真正优秀的员工。具有强烈使命感的员工，无论什么时候都能最大限度地发挥自己的作用，肩负起自己的使命和任务。时间一长，你自然就成为公司的骨干力量和"台柱子"。

你一定听说过邮差弗雷德的故事。

美国著名的职业演说家马克·桑布恩先生刚刚搬入新居几天，就有人来敲门。他打开房门一看，外面站着一位邮差。

"上午好！桑布恩先生！"邮差说起话来带着一股兴高采烈的劲头，"我叫弗雷德，是这里的邮差，我顺道来看看，并向您表示欢迎，同时也希望对您有所了解。"这个弗雷德中等身材，蓄着一撮小胡子，相貌很普通，但他的真诚和热情却始终溢于言表。

他的这种真诚和热情让桑布恩先生既惊讶又温暖，因为桑布恩从来没有遇到过如此认真的邮差。他告诉弗雷德，自己是一位职业演说家。

"既然是职业演说家，那您一定经常出差旅行了？"

"是的，我一年大概有 160 天到 200 天出门在外。这也是工作需要。"

弗雷德点点头说："既然如此，那您出差不在家的时候，我可以把您的信件和报刊代为保管，打包放好，等您在家的时候，我再送过来。"

弗雷德的周到细致让桑布恩很吃惊，不过他对弗雷德说："没有必要那么麻烦，把信放进邮箱里就可以了。"

弗雷德却耐心解释说："桑布恩先生，窃贼会经常窥视住户的邮箱，如果发现是满的，就表明主人不在家，那你可能就要身受其害了。我看不如这样，只要邮箱的盖子还能盖上，我就把信件和报刊放到里面，别人就不会看出你不在家。塞不进邮箱的邮件，我就搁在您房门和屏栅门之间，从外面看不见。如果那里也放满了，我就把其他的留着，等您回来。"

弗雷德的这种敬业精神实在让桑布恩先生感动，他甚至怀疑弗雷德究竟是不是美国邮政的员工。但是，无论如何，他都没有理由不同意弗雷德完美的建议。

两个星期后，桑布恩先生出差回来，刚刚把钥匙插进房门的锁眼，他突然发现门口的擦鞋垫不见了。难道在丹佛连擦鞋垫都有人偷？这不可能。就在他怀疑这些的时候，转头一看，鞋垫跑到门廊的角落里了，下面还遮着什么东西。

原来事情是这样的：在桑布恩先生出差的时候，联邦快递公司（UPS）误投了他的一个包裹，给放到了沿街再向前第五家的门廊上。幸运的是邮差弗雷德发现他的包裹送错了地方，并把它捡起来，放到桑布恩的住处藏好，还在上面留了张纸条，解释事情的来龙去脉，又费心拉来擦鞋垫把它遮住，以掩人耳目。

弗雷德已经不仅仅是在送信，他所做的是 UPS 分内应该做好的一切事情！这种从顾客需要出发的贴身服务，完全基于对顾客人性的深刻认识，并把所有的细节都做得无微不至，实在是一种难得的敬业精神。

弗雷德的工作是那样的平凡，可是，它的这种敬业精神又是那样高尚。在接下来的十年中，桑布恩一直受惠于弗雷德的杰出服务。一旦信箱里的邮件被塞得乱糟糟，那准是弗雷德没有上班。只要是弗雷德在他服务的邮区里上班，桑布恩信箱里的邮件一定是整齐的。

桑布恩开始把弗雷德的事迹在全国各地演讲。每一个人，不论他从事的是服务业还是制造业，不论是高科技产业还是医疗行业，似乎都喜欢听弗雷德的故事。听众从他的故事里得到激励和启发。一位听讲的经理对桑布恩说，原来自己事业的理想就是做一个弗雷德，并且希望自己公司的员工都能像弗雷德那样敬业。美国邮政协会还专门设立了弗雷德奖，专门奖励那些在投递行业认真工作，在服务、创新和尽责上具有同样精神的员工。

无独有偶，中国也有一位非常杰出的邮差，他的名字叫次仁桑珠。次仁桑珠是我国西藏自治区阿里地区的邮递员，他所服务的地区是藏民牧区，他每天要在高原牧场上骑自行车行走上百里为牧民投递邮件。比起弗雷德来，次仁桑珠的条件更加艰苦，行走的路线也更远。他不仅要为牧民送信，还要为那些不识字的藏族牧民读信写信，传递亲情。他还经常为自己服务的邮区牧民买药品，风里来，雨里去，辛苦如常。这种敬业精神不正是每一个员工需要认真学习的吗？

从弗雷德和次仁桑珠的身上我们看到，以职业为使命是敬业的思想基础。有了这样的思想基础，就能够尽心尽力做好本职工作。《福布斯》杂志的创始人B.C.福布斯曾经说过："做一个一流的卡车司机比做一个不入流的经理更为光荣，也更有满足感。"没有不重要的工作，只有看不起工作的人。以职业为使命，就能够在平凡的岗位上干出一番事业来。

做一个一流的卡车司机比做一个不入流的经理更为光荣，也更有满足感。
——B.C.福布斯

● 把公司当做生存和发展的平台

维护公司利益，还有一个重要的原因是：公

司实际上就是全体员工生存和发展的平台。离开这个平台，就如演员离开了舞台，关公失去了大刀，只能空有才华，无法施展。

许多员工认为自己只是一个打工者，与公司只是一种雇佣与被雇佣的关系，甚至有意无意地将自己置于同领导或上司对立的地位，这实在是一种错误的认识。虽然工作与取得报酬有直接的关系，但事实并没有这么简单，如果让这种想法控制你的思想，那么可以断言，危害是极大的。

一个人的一生都在成长，别以为成长仅仅是儿童和青少年的事，成年人也在成长。只是这种成长所包含的内容更多更复杂，除了知识和技能外，更多的是自己的事业和社会地位的发展和提高。与这二者比较起来，薪酬实际上只是一个方面，一个没有多么重要的方面。这或许有些危言耸听，但如果你能静下心来想一想，事实就是如此。

俗话说：有多大的胸怀，就能干多大的事业。只有大台子才能唱大戏，对员工而言，公司就是这样的台子。有这样一个小故事：

三个工人在砌一堵墙。

有人过来问："你们在干什么？"

第一个人没好气地说："难道你没看见吗？砌墙。"

第二个人抬头笑了笑，说："我们在盖一幢高楼。"

第三个人边干边哼着歌曲，他的笑容很灿烂开心："我们正在建设一个新城市。"

十年后，第一个人在另一个工地上砌墙；第二个人坐在办公室中画图纸，他成了工程师；第三个人呢，成了前两个人的领导。

三个做着同样工作的建筑工人，最后的结局之所以如此不同，就是因为他们的观念存在差异。前者考虑的只是暂时的利益，比如微薄的薪水，这种短浅的目光不但使工作充满了痛苦，也会使他丧失前进的动力。后面的两人则不同，他们对未来充满希望，于是痛苦的工作变成了快乐的学习过程，并以此为未来的事业发展奠定了坚实的基础。

如果我们变换一下角度，这个建筑工人的成功除了个人的努力外，公司作为其工作和学习平台的作用也是不可忽视的。如果失去了这个平台，其结果是不难想象的。

维护公司利益就是维护和建设这个平台，只有这个平台越来越大，越来越好，才能为员工创造更多的机会，提供更大的发展空间。企业不但是员工之间互相交流、沟通和协作的平台，也是员工学习和展示才华的平台，只有从这个意义上认识企业，你的职业生涯才有意义，才能将工作视为乐趣而不是痛苦的工作与薪水交换过程。

离开公司这个平台，就如演员离开了舞台，只能空有才华，无法施展。

一个人有什么样的性格，就有什么样的命运，同样，一个员工的观念也会影响其事业与前程，三个建筑工人的不同结局就是最好的明证。

一株小草如果长在山巅，视野自然是开阔的，即使长在山脚的大树也难以望其项背，这是一种境界。但是，千万不要去挖山脚，因为随之倒下的绝不仅仅是山。作为公司的一员，努力维护和建设这个平台应是每一个员工义不容辞的责任和义务。

自觉主动地维护公司利益是一个员工起码的职业道德，无论领导在不在，都应以公司利益为第一，坚决反对有损公司利益的行为。一个怀揣一己私利、恣意破坏公司利益的人不但难以在职业生涯方面得到发展，即使自己独立开创事业，人格上的缺陷也必将为其事业的发展埋下隐患。

● 维护公司利益是基本的职业道德

每一个员工都应该明白,自己的工资收益完全来自公司的收益。因此,公司的利益就是自己利益的来源。"大河有水小河满,大河无水小河干。"说的就是这个道理。因此,替领导想着公司的利益,实际上就是替公司想着自己的利益。

齐勃瓦出生在美国的乡村,由于家中一贫如洗,15岁时辍学做了一个山村的小马倌。

一个偶然的机遇,他到了钢铁大王卡内基所属的一个建筑工地打工。用现在的说法,是一个典型的农民工。但是齐勃瓦抱定决心,一定要做一个最出色的员工。

他一面积极工作,一面学习各种技术知识和管理知识。结果他从一个普通的建筑工人一步一步做起,升任为技工、技师、部门主管、建筑公司总经理、布拉得钢铁厂厂长、钢铁公司董事长。

替领导想着公司的利益,实际上就是替公司想着自己的利益。

在齐勃瓦任卡内基钢铁公司董事长的第七年,当时控制着美国铁路命脉的大财阀摩根提出了与卡内基联合经营钢铁的要求。

一开始卡内基没有理会,于是摩根就放出风声说,如果卡内基拒绝,他就找贝斯列赫姆联合。贝斯列赫姆钢铁公司是当时美国第二大钢铁公司，如果与摩根财团联合起来，卡内基公司肯定会处于竞争的劣势地位，这下卡内基真的有些着慌了。

他急忙找来齐勃瓦，递给他一份清单，说："按这上面的条件，你尽快去跟摩根谈联合的事宜。"

齐勃瓦接过清单看了看，微微一笑。他对卡内基说："根据我所掌握的情况，摩根没有你想象的那么厉害，贝斯列赫姆与摩根的联合也不会一蹴而就。如果按这些条件去谈，摩根肯定乐于接受，不过我们公司将损失一大笔利益。"

当齐勃瓦将自己掌握的情况向卡内基汇报以后，经过认真分析，卡内基也承认自己过高估计了对手。卡内基全权委托齐勃瓦同摩根谈判，最后取得了对卡内基钢铁公司有绝对优势的联合条件。

摩根感到自己吃了亏，就对齐勃瓦说："既然这样，那就请卡内基明天到我的办公室来签字吧。"

第二天一早，齐勃瓦来到了摩根的办公室，向他转达了卡内基的话："从第 51 号街到华尔街的距离，与从华尔街到第 51 号街的距离是一样的。"

摩根沉吟了半晌最后说："那我过去好了！"老摩根从未屈就到过别人的办公室，这次他遇到了全身心维护公司利益的齐勃瓦，所以只好俯身屈就了。

这使我们想起了战国时代蔺相如陪同赵王出使秦国的谈判，始终维护着国家和国王的尊严，未使强大的对手占到任何便宜。齐勃瓦能做到的，我们也同样能够做到，关键在于你是否能够坚持这个原则。

维护公司利益是每一个员工心中的弦。你可能没有齐勃瓦的职位，但是，你只要是公司的一员，公司的利益就同你个人的利益直接相联系。

任何人都不会容忍别人背叛自己，你的妻子或丈夫是这样，你的领导也不例外。

一个优秀的员工首先应该把公司利益放在第一位，无论何时何地，都要最大限度地维护公司的利益。只有那些时刻将公司利益置于首位的人才会赢得领导的赏识，才能够得到更多的晋升机会与更大的发展空间。

作为企业中的一员，公司的利益其实也是个人的利益。大河与小河的关系是再浅显不过的道理。就这个角度而言，维护公司利益就等于维护个人利益，无论何人，也无论何时何地，都应遵循这一原则。

作为公司的一员，维护公司利益是一个员工必须恪守的基本职业道德。古人云："修身齐家治国平天下。"一个优秀的员工也应该如此，维护公司利益作为基本的职业道德，应该是修身的重要组成部分。

维护公司利益包括许多方面，比如顾全大局、维护部门利益、坚决抵制破坏公司利益或公司形象的行为、正确处理个人与公司利益的关系，等等。一个优秀的员工不但是公司物质利益的维护者，更应该是一个公司形象的宣传者与保护者。

一个没有或缺乏医德的医生不是一个好医生，同理，一个缺乏基本职业道德的员工也不会成为一个好员工。

一个没有或缺乏医德的医生不是一个好医生，同理，一个缺乏基本职业道德的员工也不会成为一个好员工。前者会受到患者的抵制及良心与道德的谴责，后者也会丧失很多发展的机会，使自己的生存空间越来越狭窄，这与能力和文凭并没有关系。

　　现代企业生存发展的核心竞争力是以企业文化为基础的，职业道德与员工素质恰恰是企业文化的重要组成部分。因此，维护公司利益已经成为判断和衡量员工的基本准则，很难想象哪个企业能够容忍背叛公司的行为。对于那些出卖公司利益换取竞争对手一点点回扣的人，即使是在对手那里也得不到尊重，反而会使人家事事处处提防着你。

　　做事先做人。职业道德与人格是密不可分的，一个人格不健全的人是很难获得成功的，纯粹的利益分享只是暂时的，获得别人认可的前提是对人格的认可。

　　维护公司利益不仅是基本的职业道德，也是员工道德水平的集中体现，是人性的表露和张扬。一个真正具有职业道德的员工不仅要维护现在就职的公司利益，还要注意维护过去曾经工作过的公司利益。

　　张健是一家软件公司的工程师，在业界小有名气。2007年张健离开了该公司，准备进入一家新的实力更加雄厚的公司继续从事软件开发工作。由于新公司与原公司业务相关，新公司经理要求他透露一些他主持的原公司开发项目的情况，但张健马上回绝了这个要求。理由很简单："尽管我离开了原来的公司，但我没有权利背叛它，现在和以后都是如此。"

　　第一次面试就这样不欢而散。出人意料的是，就在张健准备寻找新的公司时，却收到了直接录用的通知，上面清楚地写着：

　　你被录用了，因你的能力与才干，还有我们最需要的——维护公司利益。

××公司人力资源部

　　由此可见，维护公司利益应该是无条件限制的。比如已经离开公司的张健，在关乎职业生涯的关键时刻也没有放弃这一原则，而这反而成就了他的职业品格。

　　维护公司利益应体现在员工职业生涯的每个阶段、每个方面。这个原则是无条件的，不管领导在不在，也不管你是否还在为这家公司工作。

领导不在是考验员工的最佳时机，这时的忠诚才是真正的忠诚。

总之，只有恪守这个准则的员工才能成为被领导认可的员工，才能赢得信任与尊重，才能获得事业与人生的成功。

● 从维护公司形象开始

维护公司利益的另一个重要方面是维护公司形象。

公司形象并不是一个抽象的概念，它体现在公司运作的各个方面，比如有目的的宣传，以提高公司形象与影响而开展的公关活动，统一的公司 CI，等等。

维护公司形象首先应该体现在员工的仪表与个人风范上。一个优秀的员工必须时时注意自己的仪表，做到庄重整洁，姿态良好，举止文雅，充满朝气、活力和进取精神，克服懒散、凌乱和不讲卫生的恶习。

一个肌体的衰老往往是从某一个细胞开始的，一个细胞的变质往往是从一次微不足道的纰漏上开始的。

一旦你加入了某个集体，你们的命运就紧密地拧在了一起，集体的兴衰荣辱也就是你的兴衰荣辱。团队给外界的形象，是你们的产品，而产品是由人生产出来的，归根到底，你的一言一行就代表着这个集体。

一个成熟的职场人士必须具备集体荣誉感。并且努力使这种自觉成为习惯，在日常工作、日常生活中自觉维护集体的声誉。体现在细微之处，这样的自觉就是忠诚度的具体体现。比如，拨打和接听电话时，即使领导不在你身边，你也应该注意语气，体现出你的素质与水平，展示公司的形象。微笑着平心静气地接打电话，会令对方感到温暖亲切。不要认为对方看不到自己的表情，其实，从打电话的语调中已经传递出了是否友好、礼貌、尊重他人等信息了。也许正是因为你不经意的冷淡和鲁莽，就会吓走一个潜在的客户，使公司利益遭受不必要的损失。

再比如衣着，发型，步态，耐心，比如不要在客户面前谈公司内部的事等细节，都是一个优秀的职场人士的基本功。比如有的公司对工作时的着装要求是这样的：

1. 男员工穿西装，系领带，夏季穿衬衫，系领带；

2. 女员工在日均 15 摄氏度以上穿裙装；

3. 在规定的场合必须端正佩戴工作挂牌；

4. 不得穿西服以外的牛仔装、T 恤衫、无领袖等服装。

此外，语言要文明规范、谦逊文雅、诚恳亲切、称呼恰当、热情大方，声音大小适当，听客户讲话时应温文有礼。

维护公司形象应体现在每个员工工作以及生活的方方面面，尤其在与外部人员交往时，更应时刻注意维护公司形象，避免有损公司形象的言论和行为。要知道，此时你代表的不仅仅是个人，而是整个公司。

维护公司形象的前提是树立荣誉感，以公司为荣，以成为公司的一员为荣。在热爱公司的问题上，一个优秀的员工不仅应时刻秉持这样的观点，更要落实到行动上。如果你仅仅把公司当做谋生的场所而缺少这种荣誉感甚至厌恶你的公司，那么离开也许是最好的选择。因为在这种心态的支配下，可以断定你不会做出什么成绩。

员工与公司是休戚相关、荣辱与共的。公司的形象也体现在员工的言谈举止上。

维护公司形象首先要求员工在与外界交往时不要随意贬损公司，尽管有时你的评价是客观的和正确的。要知道，公司的荣誉与个人的荣誉是息息相关的，也就是所谓的一损俱损，一荣俱荣。一言一行，不能做有损公司形象的事情。在公司出现重大变故时，要保持镇静；在遇到危害公司声誉的行为时要挺身而出，力挽狂澜。

一个随意贬损公司或领导的员工肯定是一个既不聪明，也没有多少才能的人。这样做尽管直接伤害的是公司，实际上却是在伤害自己。没有人喜欢这样的人，当然包括领导。

如果公司形象确实存在某种欠缺，从维护公司利益的角度出发，员工应该向上级或相关领导提出自己的改进意见，这才是真正负责的做法，而不是牢骚满腹甚至毫无顾忌地任意宣扬。

● 像老板一样思考问题

过去有一句话："理解万岁！"这本来是口号年代之后的一句口号，可是却道出了原来不被理解，后来被理解的人那种心情的释放。

我们在工作和生活中经常需要去理解别人。理解的最好角度是站在被理解的一方去思考，即所谓的"换位思考"。通过换位思考去了解别人处理问题的立场和出发点，这对于营造自己工作和生活的小环境是极其有用的。

作为公司的员工，从你一开始进入公司那一天起，你就要开始在理解公司和公司的人，从公司的规章制度、产品特征、市场实力到公司文化都要尽力去理解。进而还要理解你的同事、你的上司、你的领导、你的老板。理解他们各是什么样的人，什么样的脾气秉性、工作作风、性格特征。有时候在工作中还需要理解为什么他们要那样处理问题，而不是像你想象的那样。

老板也是人，他考虑的问题可能比一般员工更多，因为他涉及的方面多，与他打交道的当事人多。员工和老板之间是什么关系？直观地，当然是雇佣关系，而实际上是在共同创造价值，共同分享经营成果。毕竟那种阶级对立和阶级斗争的年代已经过去，老板和公司员工之间需要建立一种互信的关系。当然并不是说要对那种长期拖欠工资的老板也一味地迁就，而是说当公司真的有困难的时候，只要老板能够给我们推心置腹地讲清楚，让我们有足够的思想准备，我们也应该体谅老板的艰辛和困难。

很多时候，我们需要为老板分忧。

别看中国人都喜欢做老板，其实，做老板是很不容易的。首先，做老板要投资，自己资本金往往不够，还要去融资。谁肯借钱给他？谁肯相信他说的话是真的？谁相信他一定能赚回钱来？万一他亏损了，血本无归怎么办？这些都是风险。可这些风险只有老板去承担，员工一般不必为此承担责任。因为再优秀的员工，他的知识和技能也只是人力资本，而人力资本是不具有可抵押性的。也就是说，真的在公司亏损破产抵债的时候，工人本身是不可能拿去抵债的，真正可以拿去抵债的是老板家的财产。

老板开公司，首要的和直接的目的是赚钱，而不是从事慈善事业。老板其实不需要为没有工作的人设立工作岗位，再为他们发工资和奖金。老板生产商品，千辛万苦地卖出去，挣回钱以后，首先要给员工开工资，还要缴税，接着要还贷款，有没有剩余也很难说的。原来投资的那些资金，无论是自己的，还是借来的，能不能按照预期的设想过三五年就收回来成本？在老板那里也始终是个问号。

老板顶着天大的风险开公司，设工厂，招聘员工为市场生产产品或者提供服务，目的当然是赚钱。这是一种利益驱动，正是有了这种利益驱动，才有了领导的辛苦和创新的努力。

老板不仅要花钱建工厂，购置机器设备，买原材料，还要招聘员工，组织生产，开拓市场，推销产品，再加上到银行借贷，到工商、税务和各类政府主管部门登记审批。这些不仅辛苦，不胜其烦，还需要特殊的能力，譬如组织能力、公关能力、企划能力、融资能力、管理能力，等等。

有一句歌词说：大男人，不好做，再痛苦，也不说。其实做老板也一样，应该是：公司老板不好做，再苦再难也不说。你看见有几个老板在自己员工面前一把鼻涕一把泪地说："这么多年，我容易么我?"

所以，如果你对老板承担风险的勇气报以钦佩，如果你能够理解管理者肩上的压力，那么，任何一个老板都会把你看作是公司的支柱。

因此，这里提出的换位思考，也就是要员工站在老板的角度去思考一些问题，充分理解领导的苦衷。如果你是老板，我想你肯定也希望当自己不在的时候，公司的员工还能够一如既往地勤奋努力，踏实工作，各自做好自己的分内之事，时刻注意维护公司的利益。这样你就可以一心一意处理好外面的事情。

同时，如果你是公司老板，当你派出你的公司人员到各地处理公司事务的时候，也希望他们个个都像罗文一样，能够把信安全地送给加西亚，以保证公司的业务顺利开展，公司的盈利能够节节上升。

既然你这样希望你的员工去做，那么，当你回到自己的位置上的时候，你就应该考虑，领导既然为我们提供了工作的岗位，为我们发工资和奖金，我们没有理由不把公司的事情做好。

特别是当领导不在的时候，你就应当把自己当做公司的老板。

● 努力培养节约的习惯

经济全球化使企业之间的竞争越来越激烈，面临的形势也越来越严峻。为此，除了提高产品的市场竞争力之外，有效地降低运营成本已经成为多数企业竞相追逐的目标。道理很简单，在利润空间日趋逼仄的情况下，谁的成本低谁就可以获得生存和发展。

另外一个迫使企业寻求低成本的原因是能源与原材料成本的提高。

尤其在中国，这个问题已经成为制约企业发展甚至影响国家经济前景的瓶颈。因此，作为公司的一员，树立成本意识，养成节约习惯对于维护企业利益具有非常重要的意义。

早在 20 世纪 70 年代，丰田公司就已经是世界上知名的大公司。丰田汽车公司的汽车产品在原材料的使用上都能够保证做到货真价实。但是丰田公司的节约却是出了名的。这主要来自于丰田职工的节约习惯。他们那么大的公司，在办公用品的使用上却节省得近乎"抠门"。譬如公司内部的便笺要反复用 4 次。第一次使用铅笔，第二次在反面使用铅笔，第三次使用水笔，第四次在反面使用水笔。公司办公大楼的马桶水箱里都放置了一块砖。这样可以使 6 升的水箱变成 5 升，每次都能够节约 1 升水。

正是丰田公司的这种节约的习惯，使得它在 1973 年的石油危机之后成为世界上最有竞争力的汽车制造商。因为大家都养成了节约的意识，所以在技术开发方面，节油就成为公司新车研发的主要原则。在石油大幅度涨价以后，包括美国在内的汽车购买者都纷纷看中了丰田的产品。如今，丰田公司已经超越美国通用汽车公司成为全球最大也是利润最高的汽车公司。

在中国，一个比较普遍的现象是，许多员工在为公司工作的时候欠缺成本意识，总是大手大脚，这无形中提高了企业运营的成本，造成企业资源的浪费。许多企业在产品或技术方面并不弱于对手，但实际收益却远远落后，根源就在于运营成本降不下来，相当部分的收益被看似平常的铺张消耗掉，长此以往，结局是可想而知的。

有这样一家贸易公司，主营业务是小商品批发，尽管表面生意兴隆，但年终结算时总是要么小亏，要么小盈，年复一年地空忙碌。几年下来，不但公司规模没有扩大，资金也开始紧张起来。眼看竞争对手的生意蒸蒸日上，分店一家一家地开张，公司领导决定让张建强向对方求教取经。

待朋友把一笔笔生意报出后，这张建强更纳闷了：两家交易总量并没有太大的差距，为什么收益的差别却这么大呢？

看着目瞪口呆的张建强，朋友道出了其中的原委。

原来，在公司员工的共同努力下，这家公司对商品流通的每一个环节都实行了严格的成本控制。比如：

联合其他公司一起运输货物，将剩余的运力转化为公司的额外收益，几年下来，托运费就赚了将近 60 万元；

采购人员采购货物时严格以市场需求为标准，使存货率降至同行最低，每年大约节约货物贮存费 5 万元，累积下来将近 20 万元；

在竞争越来越激烈的形势下，成本已成为影响企业兴衰的关键因素。

与供应商签订包装回收合同，对于可以重复利用的包装用品，待积攒到一定数量后利用公司进货的车辆运回厂家，厂家以一定的价格回收再用，这项收入每年大约为 2 万元；

为出差人员制定严格的报销标准与报销制度，尽管标准比别家略低，但公司规定可以在票据不全的情况下按标准全额支付差旅费，该项措施每年为公司节约大约 5 万元。

在严格的成本控制下，不但公司节约了可观的资金，也培养了公司员工的成本意识，倡导节约、反对浪费已经蔚然成风……

看看联想的案例，你可能会更加明白节约和控制成本对公司的重要意义。谁都知道，IBM 是世界上最知名的计算机制造商。在 20 世纪 90 年代，IBM 设计开发的"深蓝"计算机曾经与世界上的国际象棋大师下棋而打成平手，但是，IBM 的个人电脑（PC 机）业务却长期亏损。中国的联想集团公司是以制造 PC 机发展起来的，进入 21 世纪后，联想集团准备开拓国际市场，在经过充分考察后，他们做出了一个大胆的战略决策——兼并 IBM 的 PC 业务。这在当时可是被称作"蛇吞象"的并购举措。然而经过 5 年的整合、转型与发展，联想终于成功了。柳传志面对媒体的质疑曾经一语道破："联想善于毛巾里拧水。"正是这么形象的比喻把联想员工的节约习惯提升到了企业核心竞争力的层次上。

维护公司利益不是一句空话，必须落到实处，从点点滴滴的小事做起，将自己视为公司的主人，时刻秉持厉行节约的原则。要成为一个好员工，必须具有这种责任感，时时处处维护公司的利益，这样才能赢得上司的赏识，获得晋升的机会。

拿破仑说，"不想当元帅的士兵不是好士兵"，其实不想当老板的员工也不是好员工。尽管你现在不是老板，但你必须有老板的心态，用老板的标准要求自己，这样你才可能成为老板。

思考题：

1. 你是否遇到过个人利益与公司利益发生冲突的时候，你是怎样处理的？
2. 你对你就职公司的看法如何？是引以为豪、基本满意还是不满意？为什么？

勤奋在中国的语境里包含工作和学习两个方面。只会工作不注重学习难以进步和提高，最多算勤快；努力工作的同时，努力学习才堪称勤奋。加倍努力，勤奋不减是成为优秀员工的必要条件。保持良好的心态，让工作成为愉快的旅程。勤奋的另一层含义：加强自我修炼，学习力是个人制胜法宝。工作需要激情、信心，更需要毅力。

● 加倍努力，勤奋不减

记得一位哲人说过："世界上能登上金字塔顶的生物只有两种：一种是鹰，一种是蜗牛。不管是天资奇佳的鹰，还是资质平庸的蜗牛，能登上塔尖，极目四望，俯视万里，都离不开两个字——勤奋。"

一个人的进取与成才，环境、机遇、天赋、学识等外部因素固然重要，但更重要的是依赖于自身的勤奋与努力。缺少勤奋的精神，哪怕是天资奇佳的雄鹰也只能空振双翅；有了勤奋的精神，哪怕是行动迟缓的蜗牛也能雄踞塔顶，观千山暮雪，渺万里层云。事业上的成功不单纯靠能力和智慧，更要靠努力和勤奋。

忠诚、敬业是一个优秀员工的职业操守，勤奋则是积极的工作态度与全身心投入的精神。

美国著名作家、商界领袖弗雷德·史密斯根据自己多年管理组织的经验得出的结论是："大多数人都渴望体现自身的价值。"拿破仑·希尔有一句话则是对弗雷德·史密斯的最好补充："提供超出你所得酬劳的服务，很快，酬劳就将反超你所提供服务。"

所以，最有价值的技能是：为一切事情增加价值，最大限度地发挥你的积极主动性，并以勤奋努力实现你的目标。

缺少勤奋的精神，哪怕是天资奇佳的雄鹰也只能空振双翅；有了勤奋的精神，哪怕是行动迟缓的蜗牛也能雄踞塔顶，观千山暮雪，渺万里层云。

从这个意义上说，勤奋又是挖掘工作潜在价值的重要途径，离开了勤奋，工作将变得索然无味，当然不要指望有什么突破和超越了。

不要让领导监督自己，领导不在的时候就应自己做主，以加倍的努力回报公司，更重要的是——提高自己。我想给你（也包括我自己）的建议就是：

必须持续地为他人创造价值，而这不必花费一分钱。可以尝试用勤奋取代散漫与懒惰；你的目标应该是比那些平庸的碌碌无为之辈想得更多，做得更好；每天都调整好你的心理状态，不断超越昨天的自我，与自己的潜力进行竞争，与自己的颓废激烈角逐；强迫自己换一个角度思维，让每一天都成为你的代表作。

● 让工作成为愉快的旅程

美国一家著名的橡胶公司的董事会主席威尔罗格斯指出，工作应当有趣。他说："为了获得成功，你必须知道你正在做的事，喜欢你正在做的事，并相信你正在做的事。"

毋庸讳言，许多工作是重复性的，缺乏创新，没有刺激，因而很容易让人感觉单调与乏味。一个优秀的员工必须善于培养对工作的兴趣，使工作成为愉快的旅程。

大部分人都存在这样一个问题，就是对工作过分挑剔，一直在寻找完美的工作或雇主，可是并不自知他们不是完美的员工。许多人过分强调公司应当能提供好的薪酬、假期、病假与退休。对于已经有工作且做得相当好的人而言，这个要求并不为过；而对于没有工作的人，如果一开始便如此要求，似乎野心过大。

兴趣是保持工作激情的源源不断的动力，也是获得成功的重要条件。没有兴趣的工作即使勉强坚持下去，过不了多久也会丧失耐心与信心，最后只能半途而废，前功尽弃。

许多员工之所以不够勤奋，最重要的原因就是他们对自己的工作没有兴趣，很多人对工作抱着完全消极的态度，如果再加上缺乏明确的职业发展规划，其工作的状态自然可想而知了。

积极的态度有积极的结果，这是因为态度有感染力，这种态度就是热情与兴趣。阿尔伯特·哈伯德曾说："没有一件伟大的事情不是由热情促成的。"好的传教士与伟大的传教士、好的母亲与伟大的母亲、好的演说家与伟大的演说家、好的推销员与伟大的推销员之间的最大差别，就在于热情与兴趣。

拉斯韦加斯有一间娱乐赌场，大到可以容纳两个足球场。在这巨型建筑中有好几百种设施，用来玩金钱的得失游戏，可是里面却看不到一个时钟。道理很简单，人们赌博的理由很多，但主要是在享受赌博。他们全神贯注在赌博上，全然忘记了时间。

赌场老板显然也不想让时钟来提醒赌徒们。结果，许多人一赌下来就是好几个小时。在一般情况下，他们会赌到一文不剩或困得睡在桌上为止。

一个人如果在事业上也这样全神贯注的话，就大有成就了，而且还能满足他们，而所有这些都不是赌桌上所能得到的。

研究表明，能力的提高可以通过学习来实现，兴趣与热情则可以有意识地培养。比如：

为了获得成功，你必须知道你正在做的事，喜欢你正在做的事，并相信你正在做的事。

1. 保持乐观积极的心态。

你不得不承认，心态的影响是如此之大，良好的心态无疑可使我们更加积极地面对挫折与失败，尽管客观地看，心态于事物的发展并没有直接的助益。

2. 用成就感激励自己。

尽管人们一直强调过程的意义，但是，与令人兴奋的结果比较起来，过程往往是平淡的、乏味的甚至痛苦的。因此，在每一次取得成果时，要学会欣赏自己的成就，然后将过程演化为一个值得回味的经历，以激励自己继续前行。

3. 努力寻找工作中的乐趣。

即使再乏味的工作，只要用心体验，也可以发现其中的乐趣。有一个每天上班乘坐拥挤的公交车的人一度把公交车上的噪音当做音乐听，虽然有点阿Q式的自我解嘲意味，但就其效果而言，不失为一种缓解情绪的方法，对待工作也是如此。

4. 兴趣只有在深入了解工作特点之后才会产生。

对问题的一知半解很容易使我们陷入困惑之中，只有对问题深入研究和了解之后才会产生兴趣。对一些人来说，数学是一门比较枯燥的学科，不过是数字、符号堆砌起来的恼人的魔术而已。但对真正了解它的人而言，数学则是一门艺术，是世界上最完美、最严谨的艺术。这就是泛泛了解与深入研究的区别。

当你开始喜欢你的工作时，工作将成为增添生命味道的食盐。你必须爱它，它才能给予你最大的恩惠并使你获得最大的成果。

记住这样一句话：当你喜欢工作时，它会使你的生命甜美，有目标，有收益。

● 勤奋的另一层含义：加强自我修炼

上海一个大型的集团公司老总接受媒体采访，当记者问到"你最青睐什么类型的员工"的时候，她直截了当地说："忠诚企业，而又有学习能力的人，这样才会有高度。企业需要一大批忠诚企业、踏踏实实做事的人，但从领导角度来说，还要有学习能力。"一个优秀的员工必须明白学习力的重要性，并身体力行地勤奋学习，不断充实自己。

树根理论告诉我们，如果将一个企业比作一棵大树，那么，员工的学习力就是大树的根，也就是企业的生命之根。生命之树常青，全在于根系的发达。

树根理论还告诉我们，评价一个企业在本质上是否有竞争力，不是看这个企业取得了多少成果，获得了多少收益，而要看这个企业有多强的学习力。就像我们观察一棵大树的生长情况一样，不能只看到大树郁郁葱葱、果实累累的美好外表，因为无论有多么美的外表，如果大树的根已经烂掉，那么眼前的这些繁荣很快就会烟消云散。

所以，一个企业短暂的辉煌并不能说明其有足以制胜的竞争力，反而会让人心生悲哀。学习力才是企业的生命之根，为精心培植自己的根，让自己的根越来越深厚、越来越坚强，许多企业致力于打造学习型组织，只有这样，才能在以后可能遭遇的种种风雨中挺立不倒。对员工而言，只有端正了学习态度，只有从内心真正认识到了学习的重要性，才可能坚持不懈地去努力，才可能获得成功。

学习型组织是一个能使组织内的全体成员全身心投入并有持续增长的学习力的组织，这就是学习型组织的第一个真谛。学习型组织着重强调的就是一种学习力。

学习力是由三个要素组成的。这三个要素分别是学习的动力、学习的毅力和学习的能力。学习的动力体现了学习的目标；学习的毅力反映了学习者的意志；学习的能力则来源于学习者掌握的知识及其在实践中的应用。所有这一切都离不开两个字——勤奋。

一个人、一个组织是否有很强的学习力，完全取决于这个人、这个组织是否有明确的奋斗目标、坚强的意志和丰富的理论知识以及大量的实践经验。

当你有了努力的目标，你只是具备了"应学"的动力；当你具备了丰富的理论和实践经验，你仅仅具有了"能学"的力量；而当你学习的意志很坚定的时候，你不过是有了"能学"的可能性。只有将三者合而为一，将三者集于一身，你才真正地拥有学习力。

在现代社会，人才是有时间性的。你只能保证自己今天是人才，却无法保证明天的你依然是一个人才。复旦大学前校长杨福家教授提出，今天的大学生从大学毕业刚走出校门的那一天起，他四年来所学的知识已经有50％老化掉了。当今世界，知识老化的速度和世界变化的速度一样越来越快。所以，为了使你在明天依然是一个货真价实的人才，一定要有学习力作为你的后盾。

每一个员工都需要有很强的学习力作为支撑物。如果你不能与时俱进，不断地通过勤奋学习充实自己，提高自己的能力，那你很可能

> 如果将一个企业比作一棵大树，那么，员工的学习力就是大树的根，也就是企业的生命之根。生命之树常青，全在于根系的发达。

从一个"人才"变成企业乃至社会的包袱。人才其实是一个动态的概念，它不是一成不变的，不是永恒的。它需要不断地升级，不断地发展，只有学习力不断地加强，不断地提高，才能保证人才的新鲜，这样的人才才是信息时代的人才，才是真正意义上的人才。

所以，有人说人才竞争实际上就是学习力的竞争。对企业来说，是制度与企业文化的竞争；对员工个人而言，是学习能力的竞争，是勤奋程度的竞争。企业一定要努力建立自己的学习型组织，只有这样的组织才能使企业在未来的竞争中居于不败之地。员工个人则要致力于提高自身的素质，勤奋学习，努力修炼，成为一个与企业共同成长和进步的人才，这样才能从根本上提升自己的竞争力。

为适应企业的发展，一个优秀的员工应树立正确的学习观：

主动学习、学以致用：注重个人学习，积极参加公司组织的各种培训，并学以致用，主动提高个人的工作技能。

建立成功思维，与企业共发展：以公司价值观为导向，建立成功的思维模式，将个人发展融入企业的发展中。

积极的进步是不需要领导监督的。作为自身发展的必要条件，学习对每个员工的职业生涯都具有重要的意义，这个意义正随着越来越多的企业致力于建设学习型组织而日益凸显。学习是保持知识更新、适应时代发展的必然选择，不是一朝一夕的事情，因此，必须通过持续的努力追求进步，追求卓越。要使学习成为一种习惯，如一日三餐般不可或缺，只有这样，才能成为一个优秀的员工，一个优秀的管理者。

毛泽东说过："读书是学习，使用也是学习，而且是更重要的学习。"现代人力资本理论认为，如果说技术知识是一本书，那么花在这本书上的读书时间就是个人的人力资本积累。人力资本的积累有两种途径：一是专门的学习，这要花自己很多学费和机会成本；二是组织机构在工作岗位上提供的学习机会，包括"干中学"，这是不用付费的"搭便车"，是免费的午餐！关键在于谁能够抓住这种"搭便车"的机会，谁更用心，谁更勤奋。

俗话说，"师傅领进门，修行在个人"。无论是公司组织的培训还是员工自己有意识地汲取知识，都要通过严格的自律和勤奋的努力来实现，与领导无关。

古语称赞一个人进步迅速时说："士别三日，当刮目相看。"一个优秀的员工不但不会趁领导不在的时候松懈下来，而是把领导不在当做提高自我的有利时机。

思考题：

1. 你怎样认识自己的工作，在你看来，上司的监督对你是压力还是动力？

2. 你是否有坚持学习的习惯？你不认为这是一个人人力资本的积累吗？

执行力就是把领导错误的决策做成对的，这是一种极端的说法。其实只要能够像罗文一样去努力执行任务，不找任何借口去努力完成工作，公司的执行力就能够提升。因为优秀的员工不仅有能力，也具有自动自发、努力工作的毅力。具备超强执行力的员工才是优秀员工，优秀的员工才是公司战略制胜的根本保障。

在中国的管理界，曾经出现过这样的争论：细节决定成败，还是战略决定成败？其实这只是一个"金银盾"的童话，各自仅仅看到了自己的一面，而忽视了问题的另一面。问题的关键在于连接二者的环节——执行力。企业经营的成败既需要战略，也需要细节，关键在于执行。

有一则寓言非常形象地说明了执行的重要性。

老鼠苦于被猫抓住的危险而不敢恣意妄为，一天晚上，老鼠就这个问题开会研究讨论战略性的对策。一个非常聪明的小老鼠提出了一个好方法："我们应该在猫的脖子上挂一个铃铛，这样它一出来走动，我们马上就听到了声音，就能够立刻躲起来了！"大家都认为这个主意好，是战略性的决策。可是问题又来了！谁去挂这个铃铛呢？这就是执行的问题。再好的决策如果不能执行也还是空谈。任何决策都需要执行。谁去执行呢？

台北大学的战略学教授汤明哲说：执行力就是把领导错误的决策做成对的。这是一种极端的说法。其实只要能够像罗文一样去努力执行任务，不找任何借口去努力完成工作，公司的执行力就能够提升。因为优秀的员工不仅有能力，也具有自动自发、努力工作的毅力。具备执行力的员工才是优秀员工，优秀的员工才是执行力的根本保障。

⬤ 罗文是谁

罗文（Roven）不是中国人，而是美国一名中尉军官。美国弗吉尼亚人（1858—1943），1881 年西点军校毕业。罗文之所以出名并不是因为他作战勇敢，甚至他打没打过胜仗我们都不清楚，他实际上仅仅是做了一件送信的差事。可是，正是因为罗文成功地把信送给了加西亚，从而使得他得以青史留名。

事情是这样的：

1898年，美国和西班牙因为殖民地古巴的独立问题发生了战争。美西战争爆发后，美国必须跟西班牙的反抗军首领加西亚将军尽快取得联系。可是加西亚将军一直隐蔽在古巴山区的丛林里，没有谁能够知道他的确切地点，所以无法带信给他。而美国总统需要尽快得到他的合作。

美国军事情报局的首脑麦金利问瓦格纳上校："我上哪可以找到一个能够把信送给加西亚的人呢？"

有人推荐了一位叫罗文的年轻中尉，"罗文有办法找到加西亚，也只有他才能把信送给加西亚。"

"好，那就马上派他去！"瓦格纳命令道。

他们把罗文找来，交给他一封总统签名的致加西亚的信。罗文把信放入一个油纸袋中，简单收拾了一下行装就上路了。

至于罗文怎样从华盛顿坐火车出发，怎样上了开往牙买加的"艾迪罗德号"船，怎样与反抗军接头，然后乘船航行四天四夜，趁夜幕降临的时候在古巴海岸登陆，消失在丛林中，又怎样一路千方百计、千辛万苦、千山万水、千难万险，最后终于把信送到了加西亚将军手中，并获得了美国所需要的军事情报，这一切现在看来都不重要了。重要的是罗文接到这个使命以后，并没有去问："加西亚在什么地方？"

困难与借口只是不负责任的说辞而已，如果你不去刻意寻找，它们就不存在。

"我到哪里才能找到他呢?""万一找不到他怎么办?"

罗文是一个不要任何借口、一心一意干好自己工作的人。这一路上,他都是独立执行任务,他可能会碰到很多问题、很多困难、很多危险,一切都要靠他自己去解决问题,克服困难,排除危险。这种自动自发和克服一切困难的勇气和信心是他成功的保证,而这种勇气和信心来自于他对事业的忠诚,来自于他内心涌动的必胜的信念。

罗文,这样一个并不起眼的美国大兵,干了他该干的工作,也就送了一封信,当然是一封很重要的信,是决定战略胜利的信。他做到了,他忠于自己的职守,完成了应该完成的任务,他就成了英雄,成了人们记住的,甚至景仰的人物。有人提议,像罗文这样的人,我们应该为他塑造不朽的雕像,放在每一所大学里,以启迪后人。我在湖南长沙远大城里,还真的看到了罗文的雕像:他左手叉在腰间,右手握着小臂粗细高过头顶的树枝,裸露着宽大的胸膛,目光深邃而坚毅,戴着一顶遮阳的牛仔帽,在一片丛林里,坚定地站立着。

在罗文的雕像面前,我曾经凝望过他那坚毅的眼神,也曾触摸过他坚实的臂膀,还曾手搭在他肩膀上"扮酷"与他合影。但是,当我准备离去转身再仰望他的时候,我陷入了深深的思考:

在远大城里,除了那些希腊神话的雕像以外,还有40多尊历史人物雕像,他们绝大多数都是政治家、思想家、科学家、哲学家、艺术家。与这些影响世界历史发展和社会进步的人相比,罗文可能真的算不上什么伟大的人物,甚至也没有多少毫不利己、专门利人的高尚情操。可是,为什么就仅仅因为罗文做了一件把信送给加西亚的事,人们就会永远记住他,怀念他,景仰他,甚至把他同历史上的伟大人物并列起来?原因就在于他对信念的忠诚,对事业的执著,对工作的一丝不苟!

这就够了!一个人如果把工作当做事业来对待,就会迸发出空前的热情,产生克服困难的勇气和创造精神,那么工作着就是快乐的!

● 谁是罗文

罗文本来是一个默默无闻的人，可是为什么在他完成了把信送给加西亚的任务以后，有那么多的人对他如此景仰呢？原因就在于，每个人都在寻找像罗文这样的人，领导也不例外。

有一则笑话，说是深圳的建筑工地上掉下来一块砖，结果砸伤了6个人，其中有5位是老板，还有1位是总经理。中国的老板多，想做老板的人比领导更多。全世界大大小小的老板不计其数，都在为自己的事业奋斗。但是，所有的老板都离不开员工，他们特别渴望那些忠于职守、有独立工作能力、有创新能力的员工，也就是希望能够得到像罗文那样的优秀人才。

> 老板需要的永远都是不讲任何条件就能够把信送给加西亚的人，而不是极力寻找托词的说客。

罗文把信送给加西亚之后的100多年来，世界虽然发生了很大的变化，但是，忠于职守、勤奋工作，作为各公司和各类组织机构聘用选拔人才的重要标准始终没有发生改变。我们经常听到公司领导们有这样的抱怨：每一次我把任务交给别人的时候，他们总是要问我一堆问题，每当此时，我总是马上对自己说，这个可怜的人很难"把信送给加西亚"。领导们最需要的就是那些能够毫无条件地把信送给加西亚的人。他们渴望罗文，因为罗文可以委以重任。

可惜的是，能够把信送给加西亚的人是很稀少的。很多人满足于平庸的现状，"做一天和尚撞一天钟"，仅仅把工作理解为饭碗，自己的工作岗位就是一个挣工资的地方。这种不思进取的心态其实是很危险的。

谁都知道，我们处在一个充满机遇和挑战的年代，同时也是一个充满竞争的年代。如果没有一定的开拓精神，进取精神，什么事情都要等到领导来布置和安排，等上司下达指示，明确操作规程和各类注意事项，那我们的工作就难以做到优秀和卓越。

试想一下，如果你的领导让你去查一些资料，你一定要问：这些资料哪里有？我怎么才能查到它们？万一你说的那个地方没有，我查不到怎么办？你干吗要这些资料？我手头上昨天的事情还没完，你如果让李平去不是更合适吗？

OK，任何一个领导如果能够容忍你这样的工作态度，那这个领导也就别想开展任何业务了。他第一个反应一定是：这个人根本不可能把信送给加西亚。他需要的是那种不讲任何条件就能够把信送给加西亚的人，所以，很多领导都在默默地祈祷：上帝啊，赐给我们罗文一样的人吧！

也许你的工作环境并不理想，你可能会感到压抑，你的创造性才能会遭到嫉恨，但是，如果你不想碌碌无为地了此一生，你就必须对决定了的事情义无反顾地去做，去创造。

你应该时刻自问：我能把信送给加西亚吗？如果有人告诉我加西亚藏在古巴的丛林里，我能把信送给他吗？如果我不知道该到何处去寻找，我不知道他的相貌是什么样的，我该怎么做呢？这个时候，也就是在你认为"山重水复疑无路"的时候，也是你真正应该树立自己信心的时候：前面一定是"柳暗花明又一村"。如果你对成功充满信心，那么我相信，你一定能够把信送给加西亚。

答应了就去做！决定了就去干！这就是罗文。可能一些事情会拖累我们，使我们陷入困难的泥沼之中，但是，为了完成任务，我们不得不去坚持，去克服各种困难；即使有强烈的被压制感，也不会辞职，也不会放弃。逃避决不是最好的选择，甚至根本不是一种选择，我们需要尽最大的努力去克服各种可能的困难，完成任务，尽最大的努力去追求完美的目标。即使是跌倒，也要重新爬起来，继续前进，直到成功！

世界上有各种各样"送信"的使命，我们每个人都担当着"把信送给加西亚"的责任。只有具备了坚强的意志、坚定的信念、坚毅果敢的行动能力和集中精力做好一件事的精神，才能成为"把信送给加西亚"的人。你具备这样的素质吗？

做出决定，采取行动。成功是百分之一的灵感加百分之九十九的汗水。如果你付诸行动，你就能够做到。把信送给加西亚，你就是罗文。

"不抛弃，不放弃。"也许那个许三多就是中国式的罗文。

● 刷厕所的邮政大臣

日本国民中一直传颂着一则动人的故事：

多年以前，一个妙龄少女来到东京帝国饭店当服务生。这是她的第一份工作，她将从这里迈出人生的第一步。为此她暗下决心：一定要好好干，干出成绩来！

可她万万没有想到，上司安排她这个漂亮姑娘去刷洗厕所！

对于洗厕所这样的工作，除非万不得已，一般人都不会主动承受，更何况一个细皮嫩肉、喜爱洁净的少女呢？她能干得了吗？

一开始，她虽然不停地暗下决心，鼓足勇气去尝试，去适应，但是，真正用自己白皙的小手拿着抹布伸进马桶里时，视觉和嗅觉上的反应还是侵袭而来，让她感到恶心，胃里立即翻江倒海，想呕吐又吐不出来，实在太难受了！而领导对工作质量的要求是：必须把马桶抹洗得光洁如新！

她当然明白光洁如新是什么含义，也知道这样高标准的质量要求对自己意味着什么。她为此而痛苦，陷入了困惑与苦恼之中。她也想过退却，想过辞职另谋职业，但是她又不忍心自己人生面临的第一课就以失败告终。她认为那是非常丢人的事情，她真的不甘心就这样败下阵来。她想起了自己刚来的时候曾经下过的决心：人生第一步一定要走好！可是，即使她憋足了勇气要干好工作，还是适应不了这样的工作环境。

就在这时，一位令她感动的同一单位的前辈出现在她面前，帮她摆脱了苦恼和困惑。他并没有对她反复说教，而是亲自全身心地投入到工作中，为她树立工作的榜样。

首先，他非常愉快地帮她进行工作示范，一遍一遍地抹洗着马桶，直到抹得光洁如新。然后

就算是一辈子洗厕所，也要做全日本最出色的洗厕所人。
——野田圣子

非常得意地去欣赏自己的工作成果。接下来，他从马桶里盛了一杯水，一饮而尽，竟然毫不勉强。

这让她非常感动，他不用多少语言就告诉了她一个极为朴实的道理：光洁如新的要点在于新，新的东西就一点也不脏，新容器里的水是完全可以饮用的；反过来，只有马桶里边的水达到了可以喝的程度，才算是把马桶抹得光洁如新了。而这一点已经被证明是完全可以做到的。

就这样，这个日本小姑娘从前辈的关怀、鼓励中获得了战胜困难的勇气和信心。她激动得不能自持，从身体到灵魂都震颤不已。她从目瞪口呆到热泪盈眶，从如梦初醒到恍然大悟，从痛下决心到付诸行动：就算今后一辈子洗厕所也要做一名全日本最出色的洗厕所人。

她开始振奋精神，全心全意地投入到洗厕所的工作中。她的工作从来没有领导在身边监督，但她始终以前辈做榜样，使工作质量达到前辈的水平。当然，她也多次喝下自己清洗过的马桶的水，既是检验自己的工作质量，也是检视自己的自信心。

正是这种对工作全身心投入、一丝不苟的敬业精神，使她迈好了人生的第一步。有了这种精神，她可以克服工作中所有的困难，从此她踏上了成功之路，开始了她人生不断从成功走向辉煌的历程。几十年的光阴很快就过去了，后来的她，成为日本政府内阁的主要官员——邮政大臣，她的名字叫野田圣子。

有人说，是上帝偏爱她，让她洗厕所。这话其实不完全对。野田圣子真正的成功来自于她坚定不移的人生信念，表现为她强烈的敬业精神。她之所以拥有成功的人生，成为一个幸运的成功者，或者说成功的幸运者，就在于她对于工作的坚定信念：就算是一辈子洗厕所，也要做全日本最出色的洗厕所人。

这也印证了我国古代孟子的一段名言：天将降大任于斯人也，必先苦其心志，劳其筋骨，饿其体肤，空乏其身，行拂乱其所为。所以动心忍性，增益其所不能。由茧化蝶需要痛苦的蜕变，要获得成功也需要必要的磨炼。

从另一方面来看，这也就像是罗文一样，只要有了勇气和信心，工作就会积极主动，就能够做出业绩来。你在为领导工作、为社会工作的同时，自己也收获了希望和成功。

⬤ 自动自发：做一回自己的领导

一个优秀员工的表现应该是这样的：无论领导在不在，他都会一如既往地努力工作。因为他知道，工作并不是做给领导看的，尽管许多人一直这样认为，并且趁领导不在的时候不知不觉松懈下来。

领导的离开并不意味着他完全失去了对公司的控制，因此，行为谨慎的员工知道别人会看见他或将会看见他。他知道周围的同事在默默地做自己的事情，他更清楚凡是自己做得不好的事总会传扬开去。即使单独一个人行事，他做事的态度也慎重得像整个世界都在监视他似的。

刘少奇在《论共产党员的修养》中曾经提出共产党员要"慎独"，这是一个古人修养的概念，意思是说，当你一个人独处的时候，更要注意自己的品德和行为，不要因为无人知道就放松自己，甚至放纵自己。很多人就是因为不能够"慎独"而出了问题。

作为一个公司员工，领导不在的时候，也是

被动地工作最多能够完成领导交代的任务，然后心安理得地拿自己的薪水，对一个优秀的员工而言，这样做是远远不够的。

容易放松自己的时候。可是，勤奋工作应该是发自内心的，你的任何业绩都是自己努力的结果，你不能仅仅是做出样子来给领导看，领导要的是实际业绩和工作效果。

工作的主动性是员工的必备素质。事实是，无论趁机偷懒还是谨慎无奈地继续自己的工作，都不是正确的做事方法。尽管后者仍然努力，但那也只是防止有人打小报告，告自己的状而已。被动地工作最多能够完成领导交代的任务，然后心安理得地拿自己的薪水，对一个优秀的员工而言，这样做是远远不够的。

评价员工优秀与否有一个标准，那就是他工作时的动机与态度。如果如前所说那样被动地工作，习惯于像奴隶一样在主人的督促下劳动，缺乏工作热情，那么可以确定，这样的员工是不会有什么成就的。

优秀的员工之所以努力工作，并非只是为自己的饭碗与薪水，他们有更高的需求。把工作简单地视为换取劳动报酬的想法是低级的、短视的，有望成就事业的人永远不会把眼睛停留在薪水上，与此相反，他们把工作当做一项事业来做。

所以，自动自发地工作是每一个优秀员工的共同特点，没有对工作的热爱就不会有全身心的投入，就会因为缺乏自律而放任自流，当然谈不上成就什么事业了。

自动自发是一种对待工作的态度，也是一种对待人生的态度，只有当自律与责任成为习惯时，成功才会接踵而至。绝大多数成功的创业者并没有任何人监督其工作，他们完全依靠自律工作。试想一下，如果对自己的工作都不能全身心投入，所谓一屋不扫，何以扫天下，开创自己的事业最后只能沦为一句空谈。

自动自发也是对自己的一种责任。无所事事、懒散松懈的习惯已经使许多天赋很好的人步入平庸，这样的例子并不在少数。无论是历史还是现实之中，许多成功的人并不一定天赋很高，而是勤奋使他们一步步走向成功与卓越，反观很多天赋很高的人却常常因为自己的放任与懒散而日趋平庸，甚至一事无成。

记得一个从事餐饮业的朋友给我讲过这样一个故事：

有一个偏远山区的小姑娘到城市打工，由于没有什么特殊技能，于是选择了餐馆服务员这个职业。在常人看来，这是一个不需要什么技能的职业，只要招待好客人就可以了，许多人已经从事这个职业多年了，但很少有人会认真投入这个工作，因为这看起来实在没有什么需要投入的。

这个小姑娘恰恰相反，她一开始就表现出了极大的耐心，并且彻底将自己投入到工作之中。一段时间以后，她不但能熟悉常来的客人，而且掌握了他们的口味，只要客人光顾，她总是千方百计地使他们高兴而来，满意而去。不但赢得顾客的交口称赞，也为饭店增加了收益——她总是能够使顾客多点一至二道菜，并且在别的服务员只照顾一桌客人的时候，她却能够独自招待几桌的客人。

就在领导逐渐认识到其才能，准备提拔她做店内主管的时候，她却婉言谢绝了这个任命。原来，一位投资餐饮业的顾客看中了她的才干，准备投资与她合作，资金完全由对方投入，她负责管理和员工培训，并且郑重承诺：她将获得新店 25％ 的股份。

现在，她已经成为一家大型餐饮企业的领导。

记住，领导不在决不能成为你偷懒或放松自己的理由，恰恰相反，你应该将之视为一个机会，一次考验，在严格自律的同时，锻炼一下自我鞭策的能力。

● 优质高效地完成任务

在领导的监督下工作是一种压力，尽管也可以完成任务，但是，却难以赢得主人的赏识。被迫与主动之间的区别看起来很简单，除了自我感觉之外，结果完全相同——任务是必须完成的，尽管事实并非如此。

比如你每天只是按时完成领导交代的工作，除此之外并没有发挥自己的积极性与主动性，那么，在领导眼里，你只是一台工作的机器，仅此而已。与此对应的是积极主动地完成工作，除了本职之外，优秀的员工总是能够想领导所想，急领导所急，因而，在领导看来，他的贡献要远远大于前者。

在越来越多的企业致力于企业文化建设，打造学习型组织的现代社会，一个不思进取、安于现状、停滞不前的员工将会越来越难以适应企业的发展。事实是，现代企业需要的已经不是过去那种只知道埋头苦干、机械工作的劳动力，而是勤于思考、勇于创新，能够为企业创造更大贡献的知识型人才——这也是企业未来的核心竞争力所在。

与消极被动比较，积极主动的最大特征便在于思考，这种思考也是一个优秀员工的必备素质。

一个餐馆的服务员之所以能够脱颖而出，关键在于她充分发挥了自己的积极性与主动性。在本职工作之外，她思考更多的是如何完善服务和实现服务的突破。相比那些只知道招呼客人的服务员而言，其完成工作的效率与质量是不同的。这是因为，她在做好自己工作的同时，收集了大量顾客的信息，并且利用这些信息改善服务质量，使服务更加人性化、亲情化和个性化，通过一次或数次服务，为饭店创造了更大的价值——赢得顾客的忠诚，这才是最重要的。

没有什么东西的力量能够超越思考，离开思考的行动只是机械的行动，只有思考能够赋予行动更大的价值与意义。与消极被动比较，积极主动的最大特征便在于思考。这种思考是一个优秀员工的必备素质，也是企业获得持续发展与长期竞争优势的源泉。正如彼得·圣吉所说的：

只有透过个人学习，组织才能学习。虽然个人学习并不保证整个组织也在学习，但是没有个人学习，组织学习就无从开始。

……

"团体学习"是发展团体成员整体搭配与实现共同目标能力的过程。它是建立在发展"共同愿景"这一项修炼上。它也建立在"自我超越"上，因为有才能的团体是由有才能的个人组成的。

要成功必须加倍努力，而且要比别人更努力。种瓜得瓜，种豆得豆。只有不平凡的过程，才会产生不平凡的结果。对员工来说，在设立一定的目标后，必须全身心投入到工作之中，所有的计划一定要按时完成。在超越自己本身以外，一定要更努力地超越你的竞争者。要超越竞争者，就必须要比竞争对手付出更多的辛劳和智慧，而这是以积极主动为前提的。

总之，积极思考是前提，努力则是必须付出的代价。不断努力才能进步，不努力则会停滞或倒退。这与领导在不在没有关系，领导不在对于优秀的员工而言，不是自己给自己放假或放松的借口，他们会通过更加积极主动地努力提高自己，承担更多的责任，做出更大的贡献。这既是对领导的承诺，也是职业道德的体现，尤其重要的是：

——时刻都应对自己负责。

思考题：

1. 什么样的人才能像罗文一样，把信送给加西亚？
2. 请谈谈你对罗文的认识，简单列举一下自己的优势与不足。

诚实守信是做人的基本准则。"人而无信，不知其可也！"信守承诺可以让一个员工成为值得信赖的人。每个人都在塑造自己的雕像，只有那些视信誉为生命的人，才能活出真正的精彩。对公司而言，诚信是优秀员工的基本准则。

● 离开金训华的日子

有一件事情，在北大荒插过队的知青都很难忘记，即使没有在北大荒插过队的那一代青年，如今已经 50 多岁的人也都难以忘记。因为他们都知道北大荒出现过上海知青英雄金训华。

1968 年 8 月 15 日，为了抢救落入洪水中的国家财产——150 根电线杆（木制的），金训华带领另一位上海知青陈健跳入洪水中，奋不顾身去抢救。当营救他们的船开来，陈健抓住船身，却因筋疲力尽手被洪水打松，离开了船身。

就在这生命的危急关头，金训华在后面猛推了他一把，把他救上了船，而金训华自己却被洪水卷走，永远失去了最可宝贵的生命。那一年，金训华和陈健都是 19 岁。

从那时开始，陈健，这样一个普通的知青，就开始了他离开金训华的日子，此后再也没有离开过北大荒。陈健在金训华牺牲后说过一句话：金训华是为救我牺牲的，我发誓要永远留在北大荒，为金训华守一辈子墓地。

他这样说了，也这样做了，许多年就这样过去了。尽管没有人监督他一定要真的守一辈子金训华的墓地，相反，许多好心人都劝他回上海。他却摇头说：不！因为他对金训华有一个承诺，他得说到做到。

如今 40 年过去了，19 岁的陈健已经 59 岁，他一直坚守着自己的诺言，一直在北大荒的那片白桦林中为金训华守墓。40 年啊！一个人的一辈子能有几个 40 年？40 年来，陈健一个人面对妻子离婚、父亲病逝、自己的疾病等种种意想不到的苦难，以及知青大返城之后的无尽孤独。但是，陈健将一个说出口的诺言变成了一颗钉在天上的星星，永远闪烁在自己的心中和北大荒的空中。其实，那只是他一个自我良心的约束，他却把它当成和自己的性命一样重要。他像是一个与世隔绝的隐士，把自己隐遁在北大荒那片白桦林中。

想起陈健，很多人不能不为之感动和怅然。也正因为如此，陈健被媒体发现以后成为2006年感动中国的"十大人物"之一！他是那样的平凡而又伟大和高尚！一句话，一辈子，一生情！如果你是陈健，你能够为这样一句承诺去坚守40年寂寞的时光吗？想想年轻的时候，我们曾经发出过多少誓言，其中我们又坚守了多少，又有多少已经随风飘逝了呢？

叙述此事的肖复兴先生对此有一段议论曾使我的心灵十分震动：我们可以对陈健在漫长的岁月中坚守自己的诺言不理解，但我们不应该亵渎这种真诚的诺言。诺言的不坚定乃至诺言的变卖，把诺言根本不当一回事，实质是我们信仰的不坚定，乃至缺失，或者从根本上就没有什么信仰。

只有那些把信仰视为庸俗的人才会把诺言当做儿戏，漫不经心地对待。对他们而言，诺言不过是说说而已，甚至就是一只猪蹄子，啃完了就可以随手扔掉。他们绝对不会傻到陈健那样的地步，为了19岁时的一句诺言付出一生的代价。

他说，这就是诺言和伪诺言的区别。蜜蜂和苍蝇都在我们的头顶上嗡嗡地飞，却不是都能够采蜜酿蜜；鸟儿和风筝都在我们头顶上飘

诺言决不是说说而已，更不是一只猪蹄子，啃完了就可以随手扔掉。

飘地飞，却不是都能够带我们飞向远方。我们应该向陈健致敬，向他恪守的诺言致敬。

是啊！当你置身一个变幻莫测的世界，你究竟应该信守什么样的承诺？且不说那些喝着啤酒泡沫发出的豪言壮语，事后早就忘得无影无踪；且不说对着心爱的人儿诉说的海誓山盟和甜言蜜语，如今早变得无言无语；就是那些实际工作中对同事、对领导、对朋友许下的诺言，我们究竟又兑现了多少呢？以铜为鉴，可正衣冠；以古为鉴，可知兴替；以人为鉴，可明得失。陈健是一面现实的镜子，我们应该对照一下这一面镜子，看看我们平时许下的大大小小的诺言，究竟践行了多少？

有时候，老板或者上级领导对我们交代了一件事情之后，我们也经常会说："放心吧，这事我来做，保证没问题！"这随口说出去的话其实就是一个诺言。我们要为自己的承诺负责，就要全心全意地去完成它。就像罗文一样，既然接受了使命，就千方百计去完成，这样才能够赢得别人的尊敬；就像陈健一样，去永远实践自己的承诺，才能够赢得别人的爱戴。

● 视信誉为生命

与做人一样，职业道德与个人修养有许多相通之处。一个存在人格缺陷或道德缺陷的员工很难成为一个优秀的员工，同样，一个没有信誉的员工肯定不是一个敬业的员工。讲信誉是做人的根本，也是敬业的根本。

我们看看一个关于信誉的故事。

一名在德国留学的中国学生，毕业时成绩优异，便决定留在德国。他四处求职，拜访过很多家大公司，全都被拒绝因此很是伤心、恼火。但又没有别的办法，总不能让肚皮饿着吧。他狠狠心、咬咬牙，收起高材生的架子，选了一家小公司去求职，心想，这次无论如何也不会再被有眼无珠的德国佬赶出门了！

结果呢？这个小公司虽然小，仍然和大公司一样很有礼貌地拒绝了他。

高材生忍无可忍，终于拍案而起："你们这是种族歧视！我要控……"

对方没有让他把话说完，低声告诉他："先生，请不要大声说话，我们去另外的房间谈谈好吗？"

他们走进无人的房间，德国佬请愤怒的留学生坐下，为他送上一杯水，然后从档案袋里抽出一张纸，放在他面前。留学生拿起看了看，是一份记录，记录他乘坐公共汽车曾逃票3次。他很惊讶，也更加气愤：原来就是因为这么点儿鸡毛蒜皮的事，小题大做！

讲述这件事的是一位知名学者，讲到这里时他说，德国抽查逃票一般被查住的概率是万分之三，也就是说逃一万次票才可能被抓住3次。

这位高材生居然被抓住3次，在严肃和严谨的德国人看来，大概那是永远不可饶恕的。

讲信誉是做人的根本，也是敬业的根本。

事实也是如此，在领导看来，一个人在三毛两角的蝇头小利上都靠不住，还能指望在别的事情上可以信赖他吗？一旦受到金钱美女的诱惑，他怎么敢信任你不会出卖他，不会出卖公司的利益呢？

做事先做人，一个不讲信誉的员工肯定不是一个敬业的员工，即使平时工作积极主动，一旦受到外界的诱惑，缺乏自律的特点注定了他将抛弃原则，于是背叛就成为一种必然。领导永远也不会信任这样的员工，更不要说欣赏甚至重用了。

一个视信誉为生命的人会不折不扣地履行他的诺言，会一丝不苟地完成领导交代的任务，也会努力维护公司的利益，这也是一种敬业精神。相反，那些失去信誉或根本不讲信誉的人则很容易因为种种原因不去兑现自己的诺言，并找出各种借口搪塞领导，以期敷衍了事，这样的员工怎能得到领导的信任呢？

只有讲信誉并且视信誉为生命的人，银行才可以借钱给你，商人才敢跟你做生意，别人才能与你合作，公司也才愿意聘用你。只要有证明表明你是一位信誉良好的人，信誉就是你的职场通行证，也是你人生的通行证，你就可以受人尊敬地通行于这个文明社会。

● 诚信是优秀员工的基本准则

每一个人都有面对职业生涯中出现道德危机的时刻，尤其当领导不在，个人完全失去了监督与控制的时候。此时，一个优秀的员工会一如既往地坚守原则，因为他知道诚信对他来说具有多么重要的意义。

原则总是在诱惑或胁迫之下失去的，面对一点小小的诱惑，也许你会很自然地选择不违背你的道德观的做法。但当你体面的工作、家庭的幸福、自己的价值感都处在危险之中的时候，你能保证你会做什么吗？

1994 年，哈沃德·戴维森就面对了这样严峻的考验。

那时，他在亚洲的一个国家工作。他处在将要做成一笔令人眼热的 5 亿美元投资额的生意中，这项投资用于亚洲某国家的公用设施。

"我们已经为这笔合同投资了 1100 万美金，"戴维森先生回忆说，他现在是 Redwood 城里的一家管理咨询公司的金融咨询师，"在最后一分钟，一位政府官员接近了我。"官员的意思是：给他回扣，否则就不要指望这笔合同。"对他来说，这是像夜晚过后白天就要来临一样的合理。"

本来答应他的要求是很简单的，毕竟，这种交易是很普通的——在亚洲的文化中甚至是可以被接受的。在亚洲，戴维森说，为政府官员提供报酬叫做"茶水费"，就像美国饭店中的小费，是对服务的回报，是为了使事情更好办。

这位官员显然对这种交易是很老练的，甚至告诉了具体的处理细节，把钱付给一个中介，不会留下任何书面的痕迹。戴维森先生只需将这笔款子作为一笔某中介为公司提供服务的费用填报。

他花了一天的时间做决定。他打算彻底想个明白，不单是这笔生意，还包括自己内在的职业道德感。"我计算了这笔合同已经发生的总投入，"他说，"还有投入的 4 个月时间也要灰飞烟灭了。"

但是使他心烦的是他将来的感受。"如果我付了这笔钱，明天或者下个月，我如何来认识自己？"他说，"想象一下 3 年后你自己不得不在官员的调查中作证的场面。""更糟糕的是，"他补充道，"在某个时候，你将不得不向自己的孩子们做出解释。"

戴维森先生的内心反应是拒绝，但他还是花时间考虑能使官员满意的办法，保存生意的同时仍然坚持他的正直。但最终他还是无法绕

敬业不是不择手段地为公司创造效益，其结果可能是对公司利益的伤害；敬业也不能违背社会准则，更不能越过基本的道德底线。

过他认识到的事实：官员拼命为自己的包里塞钱的时候，他的许多同胞还在挨饿。

"我找不到解决这个问题的任何可行的办法，"他说，"如果他们说'我们想做这笔生意，但我们希望你为我们教育基金捐一笔钱'，这是合法的、光明正大的，我想我还会在那里待着。"

做出这样一个决定的孤独感使他想到了共同为这个合同工作的同事，"我们有想把尽可能多的人引入解决问题的行列的趋势，"他说，"通常作为一个群体做出一个困难的决定会使我们更轻松些。"

他感到他甚至不能同银行的上司分享这个决定，如果他们命令他支付贿金怎么办？如果有更多人的参与，他如何能保证整个肮脏交易不会泄露给媒体？"一起分享的秘密就不再是秘密，"他说。或者，像一位智者曾经说过的，"三个人守住秘密的前提是另两个人死掉。"

最终，戴维森拒绝了，这笔生意被放弃。结果是为公司招致了来自于不明真相的公众的声讨热浪，新闻评论家大声质问是否这个大公司不知道如何接受这样一笔来自于国外土地上的数额巨大的生意。

然而这个决定为戴维森带来的结果是美好的，他后来向上司吐露了一切。公司高层主管认为他做出了正确的决定，在他的部门度过幸运的一年后，他为自己获得的晋升兴奋不已。

但那也可能成为一场灾难。在另一种不道德的、不择手段获得利润的企业文化中，他可能被冷落到一边，被同事明目张胆地轻视或者贬低，他的职业生涯可能就此走到死亡般的停滞中。

即使有这种可能，他仍然感到他做出了正确的决定，"如果我那样做了，我觉得我只能做永远不被人信任的、次要位置的人。每次你做出符合你的道德观的决定，下次再这样做就容易些。"

"如果我那次没有这样做，为什么这次我要这样做？"谈到他在亚洲经受的严酷考验，戴维森说，"那样的痛苦选择我都做出了，现在我为什么要妥协呢？"

同样的，一个管理者必须帮助他的下属设置这样的道德底线。工作时打私人电话或者从办公室带走信纸这样的事能被接受吗？我们做生意是肆无忌惮的吗？那些越过道德底线的员工是被惩罚还是被奖励？

作为求职人员，道德价值的考察应当作为找工作的一部分。在面对一个求职公司领导和管理层的时候，可以询问一下他们是如何处理类似这样的情况的。询问一些发生过的最不可容忍的导致放弃合同的公司职员的故事，从回答中应当能对公司的企业文化有一些认识。

哈沃德·戴维森向我们证明了敬业精神的另一个原则：对基本道德的遵守。敬业决不是不择手段地为公司创造效益，其结果可能是对公司利益的伤害；敬业也不能违背社会准则，更不能越过基本的道德底线。如果简单地把敬业理解为简单地完成任务或创造收益，而不管其手段与过程是否合乎基本的道德标准，那么，作为公司，会因失去公信最终使自己陷入困境，作为员工，则很容易沦为赚钱的机器，完全丧失做人的准则，更别提什么敬业精神了。

思考题：

1. 作为一个员工，你怎样理解诚信？
2. 如果上司安排的任务与你的价值观发生冲突，你选择什么？

Think about it

性格决定命运！态度决定一切！认真既是一种工作态度，也是一种生活态度。每个人都在塑造自己的雕像，关键看你是否认真。只有在工作上做到精益求精，你才能够从优秀到卓越，其中最重要的一点是，你是否以主人的心态对待工作。

● 塑造自己的雕像

陈健因自己的一句话践行 40 年直至一生而感动中国，罗文因把信送给加西亚而获得了人们的尊敬和爱戴，并且有人专门为他塑了雕像。其实，每个人都在为自己塑造雕像，关键在于做事需要有一种认真的态度。

一个人在为公司工作的时候同时也是为自己工作。评价一个人做事的好坏，只要看他工作时的精神和态度即可。如果一个人工作起来充满热情，他就能够做到精益求精和完美；如果做起事来总是感到受了束缚，感到工作劳碌辛苦，没有任何趣味可言，那他决不会做出什么伟大的成就。

一个人一生的职业，往往是自己志向的表示和理想的所在。一个人对工作的态度，和他本人的性情以及做事的才能有着密切的关系。因此，一个人所做的工作，也是他人生的部分表现。了解了一个人的工作，在某种程度上就是了解了那个人。通过他的工作态度、工作热情和敬业精神，可以基本了解他的人格品性。

如果一个人轻视自己的工作，觉得不足道、无所谓，他就可能对工作敷衍塞责，得过且过，那他的工作成果往往也是粗陋的。如果一个人认为他的工作辛苦、沉闷、是纯粹的重复劳动，他也决不会做好工作，更无法发挥自己的特长。

社会上有不少的人鄙视自己的工作，不把自己的工作看成是创造事业的要素、完善人格的工具，而视工作为生活的代价，是衣食住行的来源，是为自己生存所迫而不可避免的劳碌，这是多么错误的观念啊！

不管你的工作有多么卑微，只要你能够付之以艺术家的精神，拿出十二分的热忱，你就能够从平庸卑微中解脱出来。

对工作极端的负责任，对同事、对他人极端的热忱，被毛泽东同志称赞为白求恩精神。毛主席说："一个人能力有大小，但只要有这点精神，就是一个高尚的人，一个纯粹的人，一个有道德的人，一个脱离了低级趣味的人，一个有益于人民的人。"我们在自己的工作中，能不能做到对工作极端的负责任？对同事对他人极端的热忱？如果你做到了，就是在为自己塑造雕像，这个雕像的名字就叫——完美。

工作着是快乐的，而不会再有劳碌辛苦的感觉，你就能使自己的工作成为乐趣，厌烦的感觉自然会烟消云散。相反，如果一个人鄙视、厌恶自己的工作，那最终的结果一定是遭受失败。引导成功者的磁石，不是对工作的鄙视和厌恶，而是真挚、乐观的精神和百折不挠的热情。

一个人工作的时候，如果能够以自强不息的精神、赤日炎炎的热情，充分发挥自己的特长，那么不论做什么样的工作，都不会觉得辛苦。只要抱以满腔热忱去做平凡的工作，就能够成为行业中最精巧的工匠；相反，如果以冷淡的态度去做最高尚的工作，到头来也不过是一个平庸之辈。俗话说：三百六十行，行行出状元。各行各业都有提高自己、发挥才能的机会，关键在于自己是否用心，是否专心致志做好了本职工作，是否在工作中永远精益求精，追求完美。

艺术家在雕塑自己作品的时候，往往是全身心投入的。要培养自己的工作乐趣，一个行之有效的方法就是把工作当做艺术去追求。一个人的终身职业，就是他亲手制成的雕像。美丽还是丑陋，可爱还是可憎，都是由自己决定的。

你的工作可能是在生产线上不断重复一个动作，即便如此，你也不能感到乏味和无聊，因为任何工作都有值得不断改进的地方，不断精益求精的目标，不断提高生产效率的追求。在自己的工作岗位上，你的一言一行、一举一动，无论是发一个传真还是接一个电话，无论是提一个建议还是出售一件货物，都意味着自身雕像的美丽或丑陋，可爱或可憎。

一个优秀的员工无论做什么工作，都会努力避免乏味和无聊。能否用一种雕塑家的精神，竭尽全力去工作，这是决定一个人日后事业成败的关键。只要你能够领悟通过全力工作免除工作辛劳的秘诀，那么你就掌握了达到成功的原理。把工作生活化，把生活艺术化，始终保持工作的兴趣和生活的乐趣，这样你就能够永远拥有健康快乐的心态，你展现给世人的就会是一个完美的雕像。

● 态度决定一切

人们常说，态度决定一切！认真就是一种工作态度，这种态度决定了你一生可能达到的高度和能够取得的成就。如果你的每一个脚步都是认认真真、踏踏实实地走过的，你就一定成功，也一定能在领导、同事和朋友的心目中塑造出完美的形象。

认真不能仅仅是一个概念，更是一种实际行动。当我们把认真变成一种职业习惯时就会发现，我们不但可以从中学到许多知识，积累许多经验，还能从全心全意、尽职尽责投入工作的过程中得到欢乐。

我在 14 年前曾经访问过我国台湾的资策会。资策会的全称是台湾资讯产业策进会，是一家公有性质的、以促进台湾资讯产业发展为目标的研究开发机构。这里的从业人员主要从事计算机软件的开发工作。

我们的访问被安排在下午 6 点半，等我们进去的时候，发现整个大楼灯火通明，透过每一间办公室的玻璃隔墙，我们发现，员工们都在聚精会神地工作，似乎没有谁准备"提前"下班。

我们不禁惊诧："你们这里的上下班时间是不是同其他单位不一样？"

接待我们的副总说："不！完全一样，其实早该下班了。也不是因为你们来就故意表现出这样子的，他们已经习惯于把一天的目标彻底完成再离开办公室，而各自制订的目标都是满负荷的。因此，你很难看到他们在晚上 9 点钟以前离开办公室的。"

"那么，是不是早上要来得迟一些呢？"

"不会的，来晚了会没有泊车位，反而更麻烦。"

那么是一种什么样的精神支撑他们如此奋发呢？通过与那里的员工简单的访谈，我们了解到：这大概是从事计算机程序设计工作都始终存在的一种追求完美的心态，每一个人都试图把自己设计的程序更加合理化，试图使自己设计的程序更加有效率。这实际上就是一个精

即使你是一个清洁工，也应该像米开朗琪罗绘画、贝多芬谱曲、莎士比亚写诗一样，以同样的心情清扫街道。

益求精的过程，当这个过程成为大家工作的常态时，谁也不认为每天多工作几个小时就吃亏了，反而觉得上下班高峰时段在路上塞车才是宝贵时间的最大浪费。

由此我们不难理解，台湾的计算机产业在最近的十多年来为什么如此发达，并在世界上具有相当的竞争力。这在很大程度上同那里的员工精益求精的追求是分不开的，与他们的认真态度和敬业精神是分不开的。

对工作能不能做到精益求精，关键是要热爱自己的工作，发自内心去追求精益求精的目标，追求完美的实现。美国的马丁·路德·金曾经说过："如果一个人是清洁工，那么他也应该像米开朗琪罗绘画、像贝多芬谱曲、像莎士比亚写诗一样，以同样的心情来清扫街道。他的工作如此出色，以至于天空和大地的居民都会对他注目赞美：瞧，这儿有一位伟大的清洁工，他的活干得真是无与伦比！"

精益求精的前提是要敢于让你的领导或者主管挑剔工作中的毛病。不要总是抱怨别人对你的期望值过高，如果你的领导能够在你的工作中找到失误，那就证明你还没有做到精益求精。更不要寻找任何借口，不要搪塞或是掩盖自己的缺陷，如果你能够做到精益求精，为什么要让缺陷存在呢？

中国的神舟七号载人宇宙飞船成功飞入太空并顺利实现出舱活动，翟志刚代表中国人实现了太空行走的梦想，又能够安全返回指定地点。这是中国航天科技发展史上的又一个里程碑。要知道这样一个极其复杂的载人航天系统，要由 500 多万个零部件组成的。即使是有 99％的精确性，也仍然存在着 50000 多个可能有缺陷的部分。如何能够达到 100％，那就要消灭那 50000 多个可能存在的缺陷。哪怕是 99.999％的精确性，不也还存在 50 多个可能的隐患吗？航天的奇迹就在于一定要做到 100％，要把一切可能的隐患都测试估计预控到，这样才能够确保万无一失。

按照一般的概率统计，如果一部由 13000 个部分组成的汽车，其精度能够达到 99.999％的话，那么它第一次发生故障或出现反常情况将可能在十年以后。中国的汽车都还做不到十年以后才出现毛病，德国奔驰汽车就能够保证 20 万公里不动螺丝刀，而正常每年 2 万公里的汽车行程，也基本上能做到十年工夫了。这种质量保证就来自员工精益求精的工作态度。

有一句广告词是这样说的：没有最好，只有更好。一个优秀的员工对待工作的态度也应如此，惟有如此，才能保持旺盛的工作热情，才能把工作做得更好，也才能不断进步。

● 做到精益求精

如果说严肃认真是一种工作态度，那么，精益求精则是一种精神境界。我经常听到一些大学毕业生发牢骚找不到理想的工作，没有能够实现自己价值的地方，好不容易有一个工作岗位，工资收入不比普通的工人高多少，4 年的大学算是白上了！其实，这是不能正确认识自己的表现。一个大学生系统学习了基础知识和专业知识，应该说打下了很坚实的基础，也积累了自己的人力资本；但是，由于没有工作实践，缺乏一线工作岗位的专业技能，还难以在工作岗位上创造自己的价值，更谈不上实现自己的价值了！

现在，每年的大学毕业生多达 600 万，实际上社会真正需要的是优秀技术工人，而且远不止 600 万。现在在中国，大学已经不是什么精英教育了，而是平民教育。在上海，一个普通的大学毕业生一年的工资收入平均不超过 3 万元，而一个高级专业技工的年薪却可以达到 40 万元。我们应该从天之骄子的虚幻中猛醒过来，踏踏实实地从基础工作做起，真正通过实际工作掌握专业技能。只要你真的放下身架，和车间的技术工人师傅打成一片，你很快就能够把自己的最新知识和车间的工作技能结合起来，并逐步成为优秀的技术人员。进一步提高和发展会使你成为技术熟练的工程师、高级技术研发人员和公司的技术骨干。这里有一个基本的前提，你必须以精益求精的态度对待你所负责的技术操作和新技术开发。真正熟练掌握专业技术，使自己成为专业技术的业务骨干。在公司，老板为你提供了一个工作平台，这实际上就是你的第一个人生舞台。能不能认真做好自己的工作，在技术上努力做到精益求精，你就能够在技术上成为公司的业务骨干，成为老板所倚重的人才。

你一定听说过邓建军的故事。一个中专毕业生，在江苏常州黑牡丹集团一干就是 20 年，从一个普通的技术人员到技术开发总工程师。邓建军所靠的就是精益求精的精神，使自己成为纺织业誉满全球的"牛仔布大王"。牛仔布的染色着色率和缩水率一直是世界性的难题，邓建军就是依靠自己的专业技术精益求精的精神，认真钻研，反复试验，通过一台普通的电子计算机，反复计算，终于掌握了牛仔布的染色稳定技术和牢固的着色技术，并在此基础上进一步钻研降低牛仔布的缩水率。邓建军说过：用知识和技术武装自己，才能挺起脊梁！钻研业务，是工作的"发动机"！一个中专毕业生，善于学习，肯于钻研，居然有着多项世界级的发明。正是由于邓建军和他带领的团队在技术研发方面的执著追求，江苏常州黑牡丹集团的牛仔布一直成为外商青睐的世界最好的牛仔布。有人曾经作过计算，邓建军通过技术的精益开发，为黑牡丹集团创造的附加价

用知识和技术武装自己，才能挺起脊梁！钻研业务，是工作的"发动机"！
——邓建军

值已经超过 2 亿元。

一个人对于技术的钻研是一种精益求精的态度。一个优秀的员工一定是以技术立身的。一个大学生在工作岗位上的学习和实践实际上是最好的人力资本积累过程。什么是人力资本？如果说技能和知识是一本书，那么，人力资本就是你认认真真读这本书的时间。你在读这本书上花费的时间越多，你积累的人力资本就越多。因此，所谓人力资本实际上就是自己在掌握知识和技能方面所花费的时间和精力。

一个人的人力资本积累有两种途径：一种是专业学习，包括在大学的学习和专门的技能培训；另一种就是"干中学"，也就是在工作岗位上通过师傅的言传身教和自己的钻研琢磨获得的。后者是个人不用付费的学习，因此，是被普遍认为最便宜的和收益最大的学习，是人力资本最好的积累方法。问题的关键在于你个人有没有精益求精的工作和学习态度。

精益求精不仅是一种工作和学习的态度，也是一种人生的态度。日本的丰田汽车公司是目前世界上最大的汽车制造和销售公司，不仅产量最高，销售额最大，也是效益最好的汽车制造商。"车到山前必有路，有路就有丰田车。"是它的广告词，一般认为丰田就是以量取胜的。这其实是一种错觉。丰田汽车以节油轻便著名，以灵活安全和舒适取胜。否则它根本不可能与德国和美国的具有强大开发能力的汽车公司相抗衡。那么丰田汽车的核心竞争力究竟是什么呢？我告诉大家，是它的"精益生产方式"。

这种"精益生产方式"虽然是美国的管理学家通过长期的观察、调查和研究，最终归纳出来的，但是，美国的汽车制造商却学不到这种生产方式。日本丰田的精益生产方式，体现在其生产管理的全过程之中。比如"零库存"管理，如何实现从原材料、零部件到产成品都在零库存状态下生产？这确实需要管理的严密性。谁能保证在交通拥堵的城市里，准时提前一个小时把需要的零部件运送到车间，并分配到各个生产线上？

这里最根本的是训练有素的员工。举例来说，在丰田的汽车生产流水线上，每一个工位都有一个"拉绳"，这是为了防止在工作中出现了错误以后，把一个错误传递到下一个工位，以至于造成一系列的错误。因此，如果你的工位上由于操作失误出现了问题，你可以立即拉一下这个拉绳，使整个生产线停下来，给你纠错的机会和时间。但是，几十年来，在丰田汽车公司的生产流水线上，这个拉绳换了一代又一代，却始终没有人拉过！这究竟是为什么呢？因为每一个在工位上的员工心里都清楚，那是一种耻辱！只要你在工作上稍有马虎，不能做到一丝不苟，不能做到精益求精，甚至是一时的疏忽，才会出现那种不得已去拉那一根拉绳。可是，真的出现了那一幕，整个生产线上有多少双眼睛在看着你啊！

由于 20 世纪上半叶的日本军国主义的侵华历史，我们中国人对日本人的态度，从内心存在着反感。可是仔细认真地想一想，日本为什么能够在战争的废墟上很快就能够振兴而且再次成为世界经济大国？日本国民对待工作的精益求精的态度，是同自己的人格联系在一起的。正是有了这样的人生态度，日本的工业和经济才有这样能够和欧美抗衡的局面。我们真的应该学习这种精益求精的工作态度和人格精神。

有人说，世界上真正能够做到精益求精的，只有德国人、瑞士人和日本人。这话说得有点绝对。或者说仅仅是从总体上进行的判断。实际

精益求精是一种工作态度和精神品格，具备这种精神境界的人常常能够成为公司的优秀员工。

上，中国人也同样具备这种精神，否则我们不可能对人类文明做出我们的突出贡献，也不可能创造出中华民族灿烂的文明。即使在现代，如果没有精益求精的精神，我们也不可能造出"两弹一星"，不可能实现中国人太空漫步的梦想。现在已经是全球化的时代，我们完全可以通过学习达到这种严谨和一丝不苟，做到精益求精。

精益求精不仅体现在技术工作岗位上，也体现在公司工作的各个方面，即使是销售人员，也同样需要鞭策自己努力做到精益求精。包括自己的营销计划书、客户关系管理、工作业务流程和新客户的开发等等，都需要以这种态度去认真对待。

在中国，精益求精是一种比较稀缺的精神状态和工作态度。如果谁首先具备了这种精神状态和工作态度，谁就能够以此安身立命，并很快就能够在公司里出类拔萃，出人头地，成为公司的优秀员工。

● 从优秀到卓越

美国著名管理学家吉姆·柯林斯说过："任何卓越公司的最终飞跃，靠的不是市场，不是技术，不是竞争，也不是产品。有一件事比其他任何事都举足轻重，那就是招聘并留住好的员工。"

优秀的员工是企业从优秀到卓越的根本保证。优秀员工并不是天生就优秀的，企业的优秀员工来源有两个：一是靠企业的魅力吸引而来；二是靠企业自己培养。更多的优秀员工是企业自己培养出来的，这是企业文化向员工的灌输。

优秀的企业文化是公司员工一致认同的价值观。企业员工愿意做到精益求精，愿意为公司实现卓越贡献自己的才智和能力。优秀员工的才能最大限度的发挥使得企业最终实现向卓越的飞跃成为可能。

很多企业开始注重市场的品牌效应并努力实施品牌战略。从产品品牌到企业品牌都有一个逐步提升的过程，从知名度、美誉度到忠诚度。这个过程相当艰难，而且越到后来越艰难。无论是市场知名度，消费者的美誉度，还是对顾客忠诚度，都需要员工的忠诚敬业和精益求精。瑞士的钟表几乎都是名牌，之所以这样，是几个世纪以来，瑞士的钟表匠对精确的迷恋。他们甚至已经不是在制造钟表，而是在制造完美的艺术品。

当一位经销商向戴姆勒公司抱怨他们的梅塞德斯—奔驰汽车太贵的时候，本茨先生回答说："我们要制造的，本来就不是廉价的汽车，而是世界上质量最好的汽车。"商人很快就领会了这句话的含意，此后，每当为梅塞德斯—奔驰汽车做宣传时，他们总是要强调，奔驰，质量的保证。

敬业不但表现为对企业的忠诚和对工作的负责，还表现在对工作的精益求精上，对优秀与卓越的不断追求上。

之所以能够做到这样，是由于这是公司的员工共同认可的价值观：只做质量最好的。员工既然认同了这样的价值观，就会把它变成自觉的行动，事事处处都能够从最严格的质量标准出发，做到精益求精，用自己出色的工作质量，换取产品的质量，赢得公司的信誉——从优秀到卓越。

曾几何时，温州货还是假冒伪劣的代名词。但是，如今的温州生产厂商在产品质量方面开始注重品质和品牌信誉。周大虎的大虎牌打火机，远销世界各国，特别是欧美国家，以他们近乎苛刻的质量标准检验大虎牌打火机，仍然获得全部通过。1993年的时候，周大虎在老职工都离开他公司的时候，重新招聘一批新员工，从头开始培训，先从员工的思想素质开始训练，把做优秀员工作为员工奋斗的人生目标。而优秀员工的基本条件就是要保证产品的品质是一流的，无可替代的。这些员工的勤奋和执著为大虎牌打火机带来了市场信誉，世界各地的商人纷纷订货。正是有了员工的优异表现，企业才能够不断从优秀走向卓越。

敬业不但表现为对企业的忠诚和对工作的负责，还表现在对工作的精益求精上，对优秀与卓越的不断追求上。这种精神足以使我们变被动为主动，变平凡为卓越，变平庸为神奇，一个人，只要具备了这种精神，你就可以成为优秀的员工，并最终实现个人的成功。

● 以主人的心态工作

我们常常会看到，有不少年轻人把频繁跳槽视为能耐，将投机取巧当做本事。领导一转身自己就懈怠下来，没有监督就不认真工作。敷衍塞责，文过饰非，缺乏责任心和敬业精神。这种人一辈子都难成大事，做不出成就来。因为他缺乏一种主人心态。

什么是主人心态？你在这个公司工作，公司就是你的，你就应该是公司的主人。这并非说你一定要在某家上市公司工作之前先买它5000股的股份，然后再去上班，你就成为名副其实的主人了。那在很大程度上倒有些掩耳盗铃、自欺欺人的意味，因为大不了你就是一个股东，而股东，特别是小股东对公司的责任感永远是外在的。主人心态是指不管你在任何一家公司工作，这公司是我们的，我要为它的繁荣和发展贡献自己的才智和心力。就像中国的航天人一样，你在航天业工作，你可能不是杨利伟，不是翟志刚，不是未来的航天员，但是，每一次卫星和飞船的发射成功，都有你的一份功劳，你为这项事业做出了你应有的贡献，就值得引以自豪。

俗话说:"不要往自己喝水的井里吐痰!"对于公司的员工,这同样是一种最基本的职业道德要求。无论你是公司的一名普通员工,还是某个机构的一个职员,对于你所在的组织,都不要诽谤它,更不要伤害它,因为轻视自己所就职的机构就等于轻视你自己。

由于工作关系,笔者接触到很多跨国公司的员工,他们无论在公司做什么工作,都有一个共同点,那就是一谈到自己供职的公司总是充满信心和自豪,为自己能够成为这样一个公司的一员感到光荣。他们也有从这个公司跳槽到另外一个公司的现象,但是,当谈到以往就职的公司,他们也总是表现出对公司和公司领导的敬意。这不能不说是一种令人尊重的历练和职业操守!

你一定要把公司作为自己的公司,作为自己衣食所需、精神所托的地方,这样才能做好自己的工作、才能使自己的内心和生活因为公司的发展而充实起来。即使你因为某种原因离开了你工作过的公司,你也应该感谢它曾经为你提供过人生的舞台,让你在那里学到了也许是别的地方学习不到的东西。哪怕你因为一些具体的矛盾而感到不快,你也不要轻易去诽谤它,因为那样对你自己也是一种伤害。如果一家公司招聘员工,对于曾经工作过的应聘者都会在面试时问你为什么离开原来的公司。那些大谈原来公司坏处的人一般是不会获得聘用的。他们怕你哪一天再次离开的时候也把他们的公司捎带着骂出去。

一个优秀的员工必须做到:以主人的心态对待工作,像领导一样,把公司当成自己的事业。

除了一些个体户老板是自营经济组织，绝大多数人都要在一个社会组织中奠定自己的事业生涯。公司是多数人的选择，只要你是公司的一员，你就应当将全部身心彻底融入公司，为公司尽职尽责，抛开任何借口，为公司投入自己的忠诚和责任。

一位报社的总编每次给新学员培训的时候总说这么一个命题：记者的 24 小时都是属于报社的。他的意思是说，发生在你记者身边的任何事情可能都是报社的新闻素材，你随时需要举起手中的相机，随时需要录音采写相关的内容，这是对职业素养的基本要求。

以主人的心态对待工作，就要像老板一样，把公司当成自己的事业。如果你是老板，你一定会希望员工能和自己一样，更加努力，更加勤奋，更加积极主动。因此，当你的领导提出这样的要求时，你就应当积极努力去做，用心去做，创造性地去做。

谭丁是沃尔玛中国的总商品经理。从 1995 年沃尔玛中国开始筹备的时候，刚刚从上海交大毕业的谭丁就加入了这家世界上最大的连锁零售公司。由于对采购工作根本没有任何经验，当时的谭丁工作进行得极其艰难，但是，她始终坚持一个原则，随时都要想着为公司争取到最大的利益。

正是有了这种主人的心态，她在工作中逐渐积累经验，逐渐掌握了谈判的要诀和技巧，同时注意把握双赢，考虑到供货商的利益，终于打开了采购工作的局面。就这样，她从一个普通的采购员升任到助理采购经理，再到采购经理，到现在已经成为总商品经理。如今她已经被列为沃尔玛的 TMAP 培训计划，这个培训计划的目标就是成为接班人，可能是上一级主管，也可能是更高的管理层。同事们都认为她会有无限量的上升空间。

有了主人心态，你就会成为一个值得信赖的人，一个领导乐于接受的人，从而也是一个可托大事的人。因为一个为公司尽职尽责完成工作的人，往往已经把这份工作看成是自己的事业，自己的事业是公司事业的一部分，公司的事业也就是自己的事业。

思考题：

1. 为什么说态度决定一切？
2. 怎样才能做到精益求精？

Think about it

　　廉洁自律似乎越来越成为对官员的要求。其实不然，每一个人，包括公司的主管和普通员工，都有面对物质利益的时候，都需要一种自律的精神境界。每个人都有个人的欲望和需求，没有欲望的人就失去了奋斗的动力。问题在于我们要学会把握需求与欲望的平衡。追求自身利益的最大化是一个人的经济目标，甚至就是人的本性，但是，你千万别拿本性当借口，一定为自己的心加把锁，远离贪婪。贪婪往往是一个人人生毁灭的导火线。真正具有自律心态的人，往往具备一种谦虚的心态，并常怀感恩之心。

● 把握需求与欲望的平衡

欲望人人都有。没有欲望，人就失去了动力。即使是和尚，也有自己人生的欲望。2008 年底，我应邀到美的集团的高层管理培训班上讲学。返程的飞机上随便翻看《中国民航》杂志，其中严阳先生写的《一个人的寺院》给我留下深刻的印象。能记下来的内容大致如下：

福建连江县的入海口处有一个叫"壶江村"的小岛，在岛的旗山上有一座寺院。寺院凿山而建，每间殿堂都大小不一，洞中有寺，寺中有洞，层层叠叠，错落无序。这座名叫"明心寺"的寺院就是一个叫释妙法的和尚用了 35 年工夫一个人凿建出来的。

他不是本地人，跟着叔叔做泥瓦匠到了壶江村岛上。开始修"明心寺"的时候，他还没有出家。那年他 35 岁，偶然做了一个梦，梦见一个山洞，洞口很小，洞很深，最深处有一座观音菩萨的塑像。这时一个声音在洞里响起：如果你有信心，会比我做得更好！

梦醒后他一直在想这件奇妙的事，向村里打听，知道旗山上有个洞叫白土洞，他在陡峭的山崖上找到了那个洞。他决定实现自己的梦想。他在山下搭建了一个竹棚，把老婆孩子安顿在那里，就算安了家。每天背着斧凿工具在这里凿山开洞，日复一日，年复一年，即使是"文化大革命"也没有停下来。

白土洞终于有了规模，他在那里偷偷地供了菩萨画像，每日磕头供奉。同样信奉观音菩萨的妻子有一天对他说：你自己这么瞎念经算什么入佛门，不如找个寺院皈依好了。他想了想，便去了附近的梵音寺。寺里的住持收留了他，赐法号释妙法。就这样他真的成了一位名副其实的和尚。一年以后，他回到了壶江。妻子本以为他皈依做个在家修行的居士，没想到他真的出家当了和尚，于是跟着刚好出嫁的女儿去了福州，这让他很欣慰。他继续凿山修寺，终于有了规模，也有了影响。

1980年，县宗教局正式把这座寺院命名为"明心寺"。在接下来的几十年里，他一面诵经念佛，一面继续凿山开洞。岛上的居士们络绎不绝地来这里烧香拜佛，都称他"师父"。他心里很受用。"明心寺"开始变得有名起来，一些外地的游客也来参观，并称他是当代"愚公"。

2004年的时候，他收到了一封信，通知他去北京开会，这让他很意外。居士们都说这是骗局，劝他别去。可他还是去了。不过直到从北京回来，他还是没搞明白，是谁请他去参加那个"全国百名当代创业精英"大会的。反正自此以后，他经常收到一些文件，有"世界华人交流协会"请他当理事的，有"中国管理科学研究院企业发展研究中心"请他当客座教授的，有"中国精神文明大典"说他得了个人业绩"金奖"通知他去领奖的……释妙法没念过书，也没有上过佛学院。这些盖着红色大公章的东西让他兴奋莫名。为了让大家分享这些快乐，他决定把这些代表着"荣誉"的文件复印，放大，加框，挂到墙上。

有一天，岛外来了两个记者。看到这些悬挂着的"荣誉"后告诉他，"这些都是骗人的把戏。"这句话让他很不安，他觉得这样一来，他在居士们心中的形象会一落千丈。

记者问他："师父，您作为一个出家人，为什么会在寺院里贴这些俗家人才在乎的东西？"

这个问题让他的心跳得很厉害。沉默了好一阵，他终于抬起头说："我承认，这是我性格里的缺点。"

这个故事之所以给我如此深刻的记忆，是因为它告诉我们，欲望真的人人都有。即使是出家的和尚，也有不能免俗的荣誉感，也有精神被欺骗的时候。问题在于我们如何正确对待自己的欲望。

我们一直强调做事先做人，无论是敬业、诚信还是忠诚，都以基本的人格作为保证。在领导看来，一个人格卑微的人绝对不会成为一个优秀的、可以信赖和重用的员工。自然的，一个自私自利、被利欲蒙蔽眼晴的人在个人与公司利益发生冲突的时候，特别在无人监督的情况下，他往往会牺牲后者而满足自己的一己之利。

很多人都说不清自己究竟是什么时候开始对金钱越来越着迷，在不断追逐高薪的同时，他们也在不断地觊觎着薪水以外的收益。当个人这种追逐利益的情况越来越明显甚至到了让周围人指责的程度时，他们往往会找出一个老旧却又显得冠冕堂皇的借口：

我有老婆有孩子，整个家就靠这么点儿工资怎么生活？

难道真的不能生活了吗？看来，这里一定有什么我们没弄清楚的事情！

有这样一个笑话：

在领导看来，一个人格卑微的人绝对不会成为一个优秀的、值得信赖并可以委以重任的员工。

一个叫三儿的穷鬼，身无长物，衣不蔽体，一日里能弄到别人丢掉的半个炊饼已经是美味佳肴。可巧，这天一早，就在栖身的大门洞边，他捡到了十枚硬币。这下他乐坏了，走路开始晃，腰板也挺得比以前直了，感觉自己完全是个有钱人。怪不得戏文里说"有钱人走路大甩膀，没钱人走路躬着脊"，这有钱了就是不一样，什么三儿，得改口叫三爷了。

和三儿相反，就在三儿住的大门洞里，原来住着真正的有钱人贾大。不过，贾大上个月因为一大宗生意投机不成赔了钱，觉得再没有翻身的本钱简直就没法活下去了，一时想不开就跳了河。

以前，这则故事是用来嘲讽那些看不清自己身价的人，现在我们从中却也隐隐感到，其实，所谓生活是个很模糊的概念。如果仅仅对以工作换取薪水的目的来说，倒不如把生活（Life）这个词换成生存（Survival）或者欲望（Desire）来理解，更容易弄清你真正的需要。因为后面的两个词是可以用具体的货币量来衡量的，而对生活则不能。

很多有学问的老师或者教授会给出严格的解释，告诉我们什么是生存，什么是欲望。而对一只狗来说，不用上那么多理论课也会明白：得到一根骨头就意味着生存，要求上面能带着残肉就是欲望。对工作着的人来说，仔细算算每个月为了维持生存的支出又占了薪水的多少呢？其实大部分钞票都被放在了保证我们生存之外的地方，那些地方能让我们觉得生活得更有质量。

生存的底线对一个职场中人来说是完全可以被满足的，但是欲望却永远没个尽头。所以，一个好的员工，一个人格高尚、品质优秀的员工会一直坚守这样一条准则：非己勿取。在欲望与道德之间，他们严格遵守着自己的道德底线，决不会为欲望所左右。因为他知道：当一个人千方百计满足自己的生存需求时，没有人会嘲弄，没有人会鄙夷，甚至会有人主动给你更多的机会，让你重新走向成功。但是人类欲望的特点是无限性，一个欲望满足了，又会产生新的欲望。正是这种欲望的无限性推动着人们不停地去追求。"知足而不满足"可能是人生应取的一种态度。从这种意义上或许可以说，欲望也是社会进步的推动力。如果人没有了欲望，没有了满足欲望的追求，社会就无法进步了。但是当一个人追逐自己欲望的时候，哪怕超过一点点限度，都会招致非议，甚至得到令人沮丧的结果。

一个社会对财富的欲望一旦变为贪婪，就会导致对大自然的掠夺；一个员工对财富的欲望一旦变为贪婪，就会不去勤奋工作，而是搞歪门邪道，甚至以牺牲部门或公司的利益为自己谋求私利了。

一个优秀的员工不会放弃对金钱和物质生活的追求，但他会严守道德的底线，严守良知的底线。这是因为，对个人而言，这才是立足于公司、立足于社会的根本。一个被金钱蒙蔽了道德与良知的人不会为社会所接纳，甚至不会为他的亲友所接纳。优秀电影演员富大龙在谈到他在《走西口》里所扮演的梁满囤的形象时说，一个穷得连生存都成为问题的人，是没有人生道德底线的。这可能诠释了这个人物形象的本质。

当欲望左右一个人的行为时，人已经不能成为人，只是依照本能生活的动物而已。

君子爱财，取之有道。即使你挣的就是那份工资，也不能因为不正当利益而使自己有非分之想。

欲望可以让你充满动力地工作，也可以将你投入牢狱，那速度反正比赚钱快。要成为一个优秀的员工，必须处理好二者之间的关系，把握好二者之间的平衡。

● 远离贪婪

不可否认，对大多数人而言，工作的重要目的之一就是换取薪水。但是，如果将换取薪水或金钱作为工作的唯一目的，你就会被利欲蒙蔽眼睛，并将很快陷入贪婪的深渊。

欲望人人皆有，即使是遁入空门也不等于欲望完全泯灭。欲望会带来人本性中的两个孪生兄弟：一个是积极向上的动力，另一个当然就是本性中的贪婪。如果仔细想想，我们会发现其实积极向上的动力也是本性的一种，与人们遇到困难后本能地躲避危险、主动求生是一个道理，贪婪也是一样，但贪婪总是出现在人们面对利益的时候。可见，不切实际地想做自己根本做不到的事，就会使欲望变为贪婪。

欲望与贪婪有什么不同呢？欲望是人正当的要求，它与人满足欲望的能力应该是匹配的。换句话说，欲望是通过自己的正当能力可以满足的，或通过正当途径的努力可以实现的，是理性的结果。贪婪则表现为追求超出了以上限度的行为。人一旦越过了欲望的正常界限，就会陷入贪婪的泥沼而无力自拔。

一位朋友告诉我，一个人上当受骗只需要两个条件：贪婪和轻信。如果这个命题成立的话，我们可以在此基础上进一步推理，那些利欲熏心又自欺欺人的人往往是贪婪和自信的。他在不正当利益面前，不仅超出了自己欲望的底线，而且自信能瞒天过海，谁都没有自己聪明，结果往往是毁掉了自己的人生。

利己是人的本性，人们总是在追求更多更大的利益，这种利己来自人的欲望。满足欲望需要物质财富特别是金钱，有了钱才能购买满足各种欲望的物品与服务。追求财富本无可厚非，但是，当追求财富变成一种攫取，将手伸向别人的口袋或以牺牲公司利益为代价时，那么你的人格将随之一落千丈，职业生涯也要结束了。

如果将换取薪水或金钱作为工作的唯一目的，你就会被利欲蒙蔽眼睛，并将很快陷入贪婪的深渊。

有许多人希望自己能像贵族一样的生活，尤其在精神上要求自己向贵族的习惯靠拢，以为这样可以提高自身的素质。可以听两场音乐会、看毕加索巡回画展、过个欧洲的假期，等等。怎么就会让自己在精神上成了贵族呢，精神上的贵族是需要放弃很多既得利益的，如果你仍然念念不忘奖金的多少，惦记着股价是不是上升以便投机一把，那么你就无法面对利益引诱时不动心。

记得有这样一则故事：

主人公的父亲在一次晚餐时拿出了两张彩票，当晚的电视节目正在进行着摇奖程序。一家人眼看着父亲手中彩票的号码一个接一个地随着电视主持人的声音在屏幕上被打了出来，最终知道了那50万美元的大奖是属于他们一家而欢呼雀跃。这是个并不富裕的家庭，50万美元对于他们来说几乎就是可以改变终生命运的天文数字。三个妹妹可以上最好的学校，爸爸妈妈可以换一辆崭新的汽车，房子要更大一点……但是父亲却没有家人那么兴奋。他慢慢说出了原因："邻居麦格威先生曾经让我代他买一张奖券。"

孩子们急了："你能确定哪一张奖券是我们的，哪一张又是麦格威先生的呢？"

父亲面对孩子，脸涨得红红的，谁都知道他在做着最后的决定。"获奖的是麦格威先生的奖券，"父亲把奖券放在灯下，大家看见其中获奖的那张右下角不起眼地用铅笔写着一个花体字母 M。"我们失去的仅仅是一次改变生活状态的机会，"父亲说："可是却获得了完整的人格！"

至此，我们应该知道什么是强大的精神和人格魅力。

当然，用道德或者法规来约束个人行为总还是显得勉强，但是一个人最基本的善良、诚实、自尊却是形成独立人格的必要要素，缺失了它们，你的人格就会受到损害。

真正能让你在公司以至社会挺胸昂首的不是你的存款，不是身边漂亮的女人，也不是你天才的独门技术，而是一个人高尚的人格。

一个优秀的员工把正常的欲望转化为催人奋进的积极的力量，一个失去自律、没有领导监督的员工则会因为贪婪在瞬间毁掉其良知和自尊，最终将自己置于万劫不复的深渊之中。

如果你希望自己能够光明磊落地生活，期望自己获得更大的、更高层面的成功，那么，请控制好你的欲望，无论何时都不要被它所左右。

● 别拿本性当借口

我们在工作中总是在为逃避责任寻找各种各样的借口，而在这个宣扬相互理解的氛围里，最好的借口莫过于"本性使然"。那意思好像是说："我是人，你也是人。只不过今天事情发生在我身上，哪天换成你不也是一样？"但是，有哪个领导会听你的这种解释呢？

乍一看，人类的欲望和贪婪都是无限的，所以有人经常用到贪欲这个词，但实际上二者有着本质的区别。

美国心理学家马斯洛把人由欲望产生的需求分为五个层次。当一个层次的欲望被满足后，人会有新的欲望产生，自我实现是这五个层次中最高的境界。换句话说，人的正常欲望应该是比自己的能力稍稍提前些的，而贪婪的眼睛则完全掉到了天际线以外，甚至掉在了大家的能力里。

我们经常会在电视上或是报纸上，看到那些人在利益面前卑躬屈膝出卖原则、触犯法律的样子，然后却在为自己辩护的时候大言不惭地说："当时想都没想，就收了，就拿了，就做了，就……"他果真什么都没想吗？鬼才信。

人应当是带些敬畏的心态来生活的，敬畏美丽、敬畏自然、敬畏造化。工作中的人也是一样，失去了敬畏心态的人是可怕的。于是不在乎道理，不尊重人性，不用理会别人的感受。而这一切只有一个借口：不是我不规规矩矩，而是我的本性使然。和朋友聊天是人的本性——只是用单位的电话总显得不合适；挑东西当然要挑好的，只是别把同事的苹果也一齐挑拣。

本性是什么呢？无非是大家都有的与生俱来的一些司空见惯的能力，你我他大家都有。倘若后天这么长时间你都没能改造自己的这些近乎贪婪的本性，谁还会对你的未来抱有多么强烈的信心呢，领导也不例外。

在工作的环境中，同样是由欲望带来的结果，如果多关注一下让人进取的动力就会发现，正是因为天性懒惰才使你对积极的本性漠然冷对。

有这样一个故事：

在高速行驶的火车上，一位富商准备换上刚买的意大利皮鞋，不小心鞋子从窗口掉出去一只。周围的人都替这个人感到可惜。不料富商立即把已经套在脚上的另一只鞋子也从窗口扔了下去。这举动让周围的人大吃一惊，问他为什么要这样做。这时候，富商对身边的旅客是这样解释的："这双皮鞋花掉了我几千元，但现在对我而言，它已经没有意义了。可是，如果有谁在车下拾到这一双皮鞋，穿在他的脚上，不依然是很好的吗?!"

事实是，那些总是拿本性当借口的人往往是些理屈词穷的笨蛋，因为他找不到更有力的托词说服别人。但是，如果一味地强调本性而放弃道德的约束，那么，最终抛弃你的绝不仅仅是领导，而是整个社会。

在本性与良知的博弈过程中，你必须固守道德的家园，这是一个员工的发展之本，也是一个人立足于社会的根本。

人应当是带些敬畏的心态来生活的，敬畏美丽、敬畏自然、敬畏造化，工作中的人也应如此。

● 为自己的心加把锁

一个优秀的员工永远也不会被利欲蒙蔽眼睛，他将时刻用职业道德与高尚人格规范自己的行为，努力保持德与行的一致性。当利益的诱惑在面前时，他丝毫不为所动，因为他的心头有一把打不开的锁。

面对种种诱惑，包括利益放在面前需要做出取舍的那一刻，真的需要强大的精神力量来支撑自己的行为。只有德积累到一定厚重的时候，个人的行才会显得自然而不生硬；也只有德积累到一定程度，行才会自然而然地流露。这也就是德与行的关系吧。

那么，怎么做才能培养德与行呢？我们认为，只有一以贯之养成的自觉才能做到这一点。于是，自觉就成了关于培养德行的重要问题。

有个寺院的住持收了几个和尚，其中有一个从小入寺的小和尚，老和尚抚养他长大。小和尚觉得寺院生活太枯燥总是不安心礼佛，大清早就从院墙角那里翻墙出去。

老和尚看到倒在墙下的梯子心下了然。半夜小和尚从原路返回，当他看见老和尚双手扶梯时，惊呆了！赶忙跪在师父面前说，我实在对不起您的养育之恩。

老和尚说："人各有志，为什么要用我的思想去束缚你的思想呢？天凉，速加衣去吧。"小和尚至此静心佛门，终成一代高僧。

这是一个典型的顿悟的例子。从心性活泼的小和尚到一代高僧，全赖师父的一片慧心。

可是不管怎样，专注是一种很有魅力的状态，我们知道，一个专注的人往往具有一颗纯洁的心。因为谁都知道，要想成功地做事首先要成功地做人。做事只关系到一事的成败，但做人则牵系着你的一生。

有一个老锁匠，手艺远近闻名，更让人敬重的却是他的人品。因为他每次为顾客配钥匙，总要告诉人家自己的姓名和住址，说："如果你家发生了盗窃，只要家门是用钥匙打开的，你就来找我！"

老锁匠老了，为了不让自己的手艺失传，他决定在两个年轻的徒弟中选一个做自己的接班人。为此，他进行了一次考试。他准备了两个保险箱，分别放在两个房间，事先规定，谁能在最短的时间里打开，谁就有资格得到自己的真传。

> 一个优秀的员工永远也不会被利欲蒙蔽眼睛，他将时刻用职业道德与高尚人格规范自己的行为，努力保持德与行的一致性。

大徒弟不到十分钟就打开了保险箱，二徒弟却用了更多的时间。答案好像已经十分明显。可就在这时，老锁匠突然向大徒弟发问道："保险箱里有什么？"

大徒弟连忙回答："师傅，里面有很多钱。"

这个同样的问题又给了二徒弟，二徒弟支支吾吾了半天，不好意思地说："师傅，我只是开锁，没注意里面。"

老锁匠点点头，把保险箱里的钱给了大徒弟，宣布二徒弟为自己的接班人。大徒弟不服气，在场的许多看热闹的人也都议论纷纷，很不理解。老锁匠说话了："我培养接班人有一个根本的标准，就是他必须做到心中只有锁而无其他，对钱财视而不见。否则，心存私念和贪心，一旦把持不住，去登门入室或打开人家保险箱取钱都易如反掌，最终只能是害人害己。我们修锁的人，每个人心上都要有一把不能打开的锁啊。"

老锁匠说得好，人心上都要有一把不能随随

便便打开的锁，这就是德行。古人讲"在心为德，施之为行"。你心里怎么想是德的问题，平时怎样做就是行的问题了。怎样做？用通常老百姓的话讲，就是做一个好人。好人是不带着卑鄙目的做事的人，好人是抱有一种善良的心愿为人处世的人，好人是乐于帮助别人的人……好人有多少种，但大家对好人一致的评价是"有好的德行"。

要成为一个优秀的员工，你首先要成为一个好人，用高尚的道德和严格的自律约束自己的行为，千万不要为外物蒙蔽了自己的眼睛。

● 常怀感恩之心

人的一生要有许多发自内心的感谢。有些恩德可能是一辈子也报答不了，甚至无法报答，也无须报答的。但是我们却需要从内心深处永远怀着这样一颗感恩的心。

父母的养育之恩也许是自然的，不需要任何回报和条件的。但是，"百善孝为先，论心不论迹，论迹天下无孝子；万恶淫为首，论迹不论心，论心世上无完人。"后者不讲，单说孝心，其实也就是一种心情。意思是说只要心里永远装着父母，有这样一份孝心，你就是一个孝子。这自然需要我们永远对父母怀着一颗感恩的心。

在我们从幼儿园到大学的各个阶段，老师教我们文化知识，使我们从一个无知顽童成长为一个对社会有用的人，老师的这种无私和真诚，也同样需要我们用一颗感恩之心去对待。

如今你有了工作，可以在一个公司实现自己的理想和抱负了，可以施展自己的才华了，难道你不应该感谢那些为你提供工作岗位，帮助你在工作中积累工作经验和知识技能的人吗？

事实是，无论你的才干有多大，你同样需要同事、朋友和领导的关怀，需要他们的帮助和教育。这些不仅使你的知识更加丰富，积累更多

的工作经验，还使你做出了成绩和贡献，得到了
社会的承认。

任何一个人的成长和成熟都有周围的影响。
因此，只要你永远怀着一颗感恩的心，你就是一
个谦虚的人、一个能够与别人和睦相处的人、一
个品德高尚的人、一个人格健全的人。你在尊重
别人的同时也肯定会赢得别人的尊重。

无论何时，都
不要简单地把员工
与领导的关系理解
为劳务交换或雇佣
与被雇佣的关系。

唐功红，一个地道的山东农村姑娘，硬是通
过自己的顽强毅力和拼搏奋斗，赢得了雅典奥运
会女子举重最高级别的金牌。她的精神不仅使每
一个中国人感动，也让世界各国的人为之敬佩。
当记者采访她的时候，她却发自内心地感谢她的
父母、她的教练和启蒙教练，还有她们的队医和
领队。在她看来，没有他们那么多默默无闻的辛
苦付出，就不会有自己今天的辉煌成就。

我们可以看得出来，唐功红是一个非常实
在、非常本分的人，她没有其他体育明星动辄
"感谢党和人民的培养"那种"秀"态，也没有
那些影视明星们拿了什么冠名奖杯后的逢场作
戏，她的感恩是发自内心的，是真挚的。正因为
如此，她也在个人的精神品格上赢得了人们的
尊重。

感恩不仅是一种美德，也是一个做人的基本
条件。朱子治家格言上说：一粥一饭，当思来之
不易；半丝半缕，恒念物力维艰。目的就是要让
我们从小就懂得感恩和节俭。

感恩是一种具有普适性的社会道德。平时，

我们向陌生人问路，向邻家女孩借一本书，都要感激不尽，为什么就无视朝夕相处的公司领导对自己的种种关照呢？难道你真的把与领导的关系理解为纯粹的雇佣关系？纯粹的商业交换关系？在那一纸聘任合同的背后，难道就没有一点感恩的成分吗？

如果真的是那样，你不仅做不了优秀员工，你也做不了公司领导。因为世界上成功的领导时时刻刻也在怀着感恩的心，他时刻都会感激他的员工为公司所做的贡献，并以此激励他们继续努力。

思考题：

1. 你的理想薪酬是什么？你认为公司给你的薪酬与你的价值对等吗？
2. 在薪酬与事业之间，你认为哪个更重要？

Think about it

自信是一个优秀员工的必备素质。哪怕你就是一个普通的打工者，甚至就是一个农民工，也不能自暴自弃，要有能够圆满完成工作任务的信心和勇气。"我是80后，我能！"是一种自信，自信是开启成功的钥匙。要做到自信而不自负，就必须提升自己的能力，更要注重修养。谦虚永远是一种美德，自信而不自负，才能做一个"可托大事的人"。

● 自信是开启成功的钥匙

自信存在于每一个人的性格中。只不过有的人多一些，有的人少一些。自信过多的人可能会显得自负；自信少的人则往往自卑。那些成功的人往往都比较自信。我们经常会在电视上看到媒体采访体操或跳水的世界冠军。他们在谈到成功的秘诀时，都能够显示出自信的一面：尤其是在最后关头，如果我心里想，这下千万别砸了，结果一准是要砸的；如果我想，我一定行，我一定能赢，然后认真过一遍动作要领，结果一定是成功的。自信是一个人性格中最宝贵的方面。性格决定命运！人的一生做事首先要从树立自信做起。

关于自信，下面有两则截然相反的小故事应该能够给我们以启发。

第一个故事说的是：

有两个人横穿沙漠，水喝光了，其中一个人中暑倒下，另一个人就留下了一把枪和 5 发子弹，并叮嘱三小时后每隔半小时向天空放一枪，之后他就出发找水。中暑的那个人在沙漠里焦急地等待着。

时间过得很快，他鸣响了第一枪；然后，第二枪、第三枪、第四枪也相继鸣响，但找水的伙伴还没有回来。只剩下最后一颗子弹了，怎么办？如果最后一颗子弹还不能唤回伙伴的话，自己就会被酷热的沙漠灼烤着痛苦地死去。

"怎么办？"他一次次地问自己。终于，他失去了信心和毅力，把最后的子弹，也就是第五颗子弹对准了自己的头鸣响了。但是他万万没有想到的是，正是这最后的第五颗子弹的鸣响唤来了他的伙伴，唤来了满壶的清水，也唤来了他本该拥有却因为缺乏信心和毅力，而再也得不到的生存的机会……

另一个故事讲的是：

德国精神病学专家林德曼独自驾着一叶小舟驶进了波涛汹涌的大西洋，他在进行一次历史上从未有过的心理学实验，他要验证一下自信的力量。

林德曼认为，一个人只要对自己抱有信心，就能保持精神和机体的健康。当时，德国举国上下都关注着独舟横渡大西洋的悲壮冒险，因为已经有一百多位勇士相继驾舟均遭失败，无人生还。林德曼推断，这些遇难者首先不是从生理上败下来的，主要是死于精神崩溃、恐慌与绝望，所以他决定亲自驾舟，验证自己的推断。

在航行中，林德曼遇到了常人难以想象的困难，多次面临死亡，有时真有绝望之感。但只要这个念头一升起，他马上就大声自责：懦夫，你想重蹈覆辙，葬身海底吗？不，我一定能成功！在经历千辛万苦之后，终于，他胜利渡过了大西洋，成为第一位独舟横越大西洋的勇士。

只要你有信心，你就能够达成一切，你就会做得到。实际上，每一个问题都隐含着解决的种子，它强调了一项重要的事实，那便是每一个问题都自有解决之道。

人的能力与个人的意志有很大的关系。具有坚强的意志和足够的自信往往使得平凡的人也能够成就神奇的事业，成就那些虽然天分高、能力强却疑虑过多的人所不敢尝试的事业。

要知道，个人的成就大小往往不会超出你自信心的大小。拿破仑率领他的军队爬上阿尔卑斯山的时候，拿破仑对他的士兵说："我比阿尔卑斯山高，你们呢？"在都默不作声的时候，一个士兵回答说："我也比阿尔卑斯山高。"其他士兵也纷纷说，我比阿尔卑斯山高。拿破仑立即鼓励大家说好，只要你们有这样的自信，我们就是一支战无不胜的军队。

同样，在你的一生中最需要的是自信和勇气。假设你对自己的能力存着重大怀疑的话，你决不能成就伟大的事业。

不热烈地坚强地渴望成功、期待成功，也就绝不可能取得成功。

成功的先决条件就是自信。在这个世界上，有许多人，他们以为别人所有的种种幸福均是不属于自己的，以为自己是无法得到的，以为自己是不能与那些鸿运高照的人相提并论的。然而，他们不明白，这样的缺乏自信，是会大大削弱自己的生命力的。

"假使一个人想他能够，他就能够；反过来，假使一个人想他不能够，他很可能就不能够。"你相信性格决定命运这句话吗？

自信心是比金钱、势力、家世、亲友更有用的条件。它是人生可靠的资本，能使人努力克服困难，排除障碍去争取胜利。对于事业的成功，它比什么东西都更有效。

罗文接受任务时什么也没有问，因为他充满了自信，相信自己有克服一切困难的力量和能力。事实证明，只有这样的自信才能造就优秀的员工，才能完成领导交代的一切任务。

一个充满自信的员工不会畏惧任何困难的挑战，他们也是领导最赏识的员工。因为自信可以使他们完成那些看似不可能完成的任务，而不必领导事必躬亲。特别在领导不在的时候，他们对于公司的意义将更加凸显，与那些缺乏自信、畏首畏尾的人比起来，他们才是公司的脊梁。

有人说："如果我们将自我比作泥块，那我们将真的成为被人践踏的泥块。"一个优秀的员工必须时刻提醒自己："天生我才必有用"，必有伟大的目的或意志寄于我的生命中；万一我不能充分表现我的生命于至善的境地、至高的程度，对于世界将会是一个损失——这种意识，一定可

具有坚强的意志和足够的自信往往使得平凡的人也能够成就神奇的事业，成就那些虽然天分高、能力强却疑虑过多的人所不敢尝试的事业。

以使我们产生出伟大的力量和勇气来。

事实上，只要你认为自己能够做到，就可以真的变得了不起。对公司和领导而言，那些脚踏实地而非目空一切地相信自己的员工，那些具有深厚而健全自信心的人，都是公司的珍宝。他们能够把自己的活力传送给身边缺少活力的人们，他们没有理由不得到赞赏和重用。

● 让借口从我们身边走开

一天晚上，在漆黑偏僻的公路上，一位年轻司机在送货的时候汽车抛了锚：汽车轮胎扎了钉子没气了！

年轻人下来翻遍了工具箱，也没有找到千斤顶。

怎么办？这条路半天都不会有车辆经过！

这时，他远远望见一座亮灯的房子，于是，他便决定去那个人家借千斤顶。

在路上，这个年轻人不停地想：

"要是没人来开门怎么办？"

"要是人家没有千斤顶怎么办？"

"要是那家伙有千斤顶，却不肯借给我，那又怎么办？"

……

顺着这种思路想下去，他越想越生气，当走到那间房子前，敲开门，主人刚出来，他冲着人家劈头就是一句：

"他妈的！你那千斤顶有什么值得稀罕的！呸！"

主人丈二和尚摸不着头脑，以为碰到了精神病，"砰"地一声把门关上了。

是的，这个年轻人一路上都在为自己的有可能的尝试失败找借口，因为他在尝试之前已经给自己堆砌了一大堆的"障碍借口"，最终连可能成功的机会都丧失了。与此相似的是，"领导不在"恰好是某些员工最"理直气壮"的借口之一。

"领导不在，我干吗还用着急？"

"领导不在，我负不了责任！"

事实是，在每个这样的借口背后，都隐藏着丰富的潜台词，只是我们不好意思说出来，或者根本不愿说出来。尤其在领导不在的时候，没有命令与指示更是成为一个几乎可以搪塞一切的借口。

借口可以让我们暂时逃避了困难和责任，获得心理的慰藉，但我们果真能够逃避得了吗？

借口的代价是无比昂贵的，它带给我们的危害一点不比其他任何恶习少。事实上，公司或领导缺少的是那种想尽办法完成任务的员工，是那种能够把信送给加西亚和那些能够忠实地完成上级交付的任务而没有任何借口和抱怨的员工，而不是想方设法为自己寻找借口的员工。

"不找任何借口"体现了一个人积极对待工作的态度。既然我们选择了这个职业，既然我们选择了这个公司，既然我们选择了这个岗位，我们就必须接受它的全部，而不是仅仅享受它给你带来的益处和快乐。就算屈辱和责骂，那也应该作为这个工作的一部分坦然接受，勇敢面对。

我们常常听人说："工作不是我们为了谋生才做的事，而是我们要用生命去做的事。工作就是付出努力。"而现实中发生的事情恰恰相反，我们常常喜欢从外部环境来为自己寻找种种借口和理由，不是抱怨职位、待遇、工作环境，就是抱怨同事、上司或领导，而很少问问自己：我努力了吗？我真的对得起这份工作吗？

要成为一个优秀的员工，我们每一天都要回顾自己的工作，并且应该扪心自问："我是否付出了全部的精力和智慧？是否完成了自己所设定的目标？"

在公司这条船上，不能以"领导不在"为借口。工作中不找借口，看似冷漠，缺乏人情味，似乎只能适合在军队等特殊团队实行，但他却可以激发出一个人以及一个团队最大限度的潜能。并且，尤为重要的是，你要时刻提醒自己：这是你的船！

将这条原则放到自己的工作中，也有着非常重要的实际意义，这将使你在工作中不会把过多的时间花费在寻找借口上，而是想方设法地完成任务。

失败也罢，做错了也罢，再美妙的借口对事情的改变都没有哪怕一点点意义。与其费尽心思寻找借口，倒不如仔细想一想，下一步究竟该怎样去做。反过来说，面对失败，如果将下一步的工作做好了，失败也就成为成功之母。这样一来，原来失败的借口也就不用找了。

在实际的工作中，每一个员工都应当摈弃那种处处以"领导不在"为借口的思想。工作中，主动多花时间去寻找解决方案，反复试验，多方论证，调整平和的心态，多做实事，相信总可以找到解决问题的办法。理由只有一个：这是你的船，尽管船长不在，它仍然是你的船！

实践证明，如果你能够将时间全部用在工作中，相信伴随着暂时的失败而来的"美妙的借口"也会慢慢变少，你也一定能够成为一个优秀的员工。

● 你在为谁打工？

在中国，虽然找一份工作可能不是太困难的事情，但是，真正找一份理想的工作并不容易。因此，珍惜现有的工作岗位，是一个优秀员工时刻要牢记的。只要你把公司当做是自己实现抱负的平台，你就已经是公司的主人。因为你已经和公司融为一体了，你的每一分努力都不会白费。

前面提到的那个美国人齐勃瓦，出生在美国乡村，只接受过很短的学校教育。15 岁那年，家中一贫如洗的他就到一个山村做了马夫。他不甘沉沦，不甘一辈子做马夫，他无时无刻不在寻找发展的机会。3 年后，齐勃瓦终于来到钢铁大王卡内基所属的一个建筑工地打工。虽然他也是一个进城的农民工，但是，自从进入建筑工地那一天起，齐勃瓦就下定决心，要做同事中最优秀的人。当其他人在抱怨工作辛苦、薪水低的时候，齐勃瓦却默默地积累着工作经验，并自学建筑知识。

晚上吃过晚饭，工友们往往扎在一起闲聊天或打扑克，只有齐勃瓦躲在工棚的角落里看书。有一天，公司的经理到工地检查工作，经理视察工人宿舍时，看见了齐勃瓦手中的书，又翻了翻他的笔记，什么也没说就走了。

第二天，经理把齐勃瓦叫到办公室问："你学那些东西干什么？"

齐勃瓦不慌不忙地回答说："我想我们公司并不缺少打工者，缺少的是既有工作经验、又有专业知识的技术人员和管理者，是不是？"

经理点了点头。不久，齐勃瓦被破格提升为技师。

那些打工者中也有人讽刺挖苦齐勃瓦。他的回答是："我不光是在为领导打工，更不单纯是为了赚钱，我是在为自己的梦想打工。我们只能在工作业绩中提升自己。我要使自己的工作所创造的价值，远远超过所得的薪水。我把自己当做公司的主人，就能获得发展的机遇。"

正是抱定了这样的信念，齐勃瓦工作努力，刻苦钻研，系统掌握了技术知识。就这样，齐勃瓦一步一步升到了总工程师的职位上。25 岁那年，齐勃瓦终于做了这家建筑公司的总经理。

齐勃瓦的成功完全在于他自己的努力，他从加入公司的那一天起就胸怀大志向，为自己的目标做准备，把公司作为实现自己奋斗目标的平台和施展自己才华的舞台。正是由于这种目标加勤奋，齐勃瓦才能够成为建筑公司的总经理。

> 记住：你不只给领导打工，更是为自己的梦想打工。只有把自己当做公司的主人，才能获得发展的机遇。

在建筑公司完成了最大的布拉得钢铁厂建设项目时，他那超人的工作热情和管理才能又被卡内基钢铁公司的天才工程师兼合伙人琼斯所发现。琼斯立即推荐齐勃瓦做了自己的副手，主管全厂事务。

两年后，琼斯因一次事故而丧生，齐勃瓦接任了厂长。由于齐勃瓦的积极努力和工作热情，加上他日渐成熟的管理艺术，布拉得钢铁厂成了卡内基钢铁公司的灵魂。几年过后，卡内基亲自任命齐勃瓦担任钢铁公司董事长。

我们讲齐勃瓦的故事，并非说只要努力就一定能够成为公司领导，而是说只要努力，只要付出比别人更多的工作热情，你的才华是不会被埋没的。前提是你必须自信自己能够成功，必须把公司当做自己事业的舞台，以公司的主人翁心态去对待工作。

你在为谁打工？答案已经非常明确：

你在为自己打工，为自己的人生打工！

● 提升能力更要注重修养

每个企业为了自身的发展和员工素质的提高，都会或多或少地向员工提供一些学习和深造的机会。这种学习有许多是专业技能的学习，而员工自身修养同样需要提升。实际上，这种事情并不需要领导去交代，每个员工都应该自觉自愿地进行自我素质的提高和自我人格的完善。

能力必须与品格匹配才会发挥其正面价值。能力突出而品格低下的人在面对诱惑的时候，能力就成为可怕的工具，它只会为私欲服务。正如诚信与敬业密不可分一样，对员工而言，能力与修养都是一个员工必备的素质。

不管是在中国，还是在外国，也不管过去、现在还是将来，高尚的人格都是一个人事业成功的最重要的因素。

首先，做事就是做人。在成君忆先生的新著《孙悟空是个好员工》里，所描述的孙悟空成长的故事，告诉我们这样一个道理：当我们学会了做人，自然就会懂得如何与人为善，懂得如何建立一种互相帮助的人际关系。所有的困难都源于我们的性格和观念。战胜困难的过程就是战胜自我的过程，就是融入团队的过程，也就是生命成长的过程。

其次，要想成为一个工作能力超强的人，还必须在自我修养上下工夫。孙悟空能够取得真经并修成正果决不是凭借金箍棒和七十二变，而是一心向善的意念，这就是所谓的修养。

一个人的内涵会通过一举手一投足的动作表现出来。外在的形象固然重要，但是由内而发的气质和修养更能令他人关注你，从而重视你。英国有句谚语："玫瑰换了名字，它依旧芬芳诱人。"纵使你没有动人的外表，也不妨碍你用优

能力必须与品格匹配才会发挥其正面价值。能力突出而品格低下的人在面对诱惑的时候，能力很容易成为只为私欲服务的工具。

秀的气质和修养来感染周围的朋友、同事以及事业上的合作伙伴。

再次，要学会微笑着面对一切。面对困难，微笑含着勇敢；面对误解，微笑露出笑容；面对挫折，微笑与自信同在；面对冷漠，微笑洋溢热情。记得在"非典"最肆虐的日子里，有一则公益广告感动了无数的人：SARS 就是 Smile And Retain Smile（微笑，并保持微笑）。那一张张充满期冀和勇气的笑脸，曾经伴着多少人战胜了病魔，重新回到阳光人间。

最后，要把握习惯的力量。每个人从小到大都会养成一些习惯。这些习惯有些能够帮助我们更好地学习知识，掌握技能，而有些习惯却阻碍了我们进步。

只有一个自身修养达到了一定水平的人，才会自动自发地去投身到自己工作中，才能像孙悟空一样，将能力运用到应该发挥其作用的地方，最终成为一个优秀的员工和职场生涯的强者。

● 谦虚永远是一种美德

先讲一个"水上飘"的故事：

有一个博士分到一家研究所里，成为了这个所里学历最高的一个人。有一天他到单位后面的小池塘去钓鱼，正好正、副所长在他的一左一右，也在钓鱼。

"听说他俩也就是本科学历，有啥好聊的呢？"这么想着，他只是朝两人微微点了点头。

不一会儿，正所长放下钓竿，伸伸懒腰，噌噌噌从水面上如飞似的跑到对面上厕所去了。

博士眼睛睁得都快掉下来了。"水上飘？不会吧？这可是一个池塘啊！"

正所长上完厕所回来的时候，同样也是噌噌噌地从水上飘回来了。

"怎么回事？"博士生刚才没去打招呼，现在又不好意思去问，自己是博士生哪！

过一阵，副所长也站起来，走了几步，也迈步噌噌噌地飘过水面上厕所了。

这下子博士更是差点昏倒："不会吧，到了一个江湖高手集中的地方？"

过了一会儿，博士生也内急了。这个池塘两边有围墙，要到对面厕所非得绕十分钟的路，而回单位上又太远，怎么办？

博士生也不愿意去问两位所长，憋了半天后，于是也起身往水里跨，心想："我就不信这本科学历的人能过的水面，我博士生不能过！"

只听"扑通"一声，博士生栽到了水里。

> 如果你在某个方面比其他人强，你就应该将自己的注意力放在他人的强项上，只有这样，你才能看到自己的肤浅和无知。

两位所长赶紧将他拉了出来，问他为什么要下水，他反问道："为什么你们可以走过去呢？而我就掉水里了呢？"

两位所长相视一笑，其中一位说："这池塘里有两排木桩子，由于这两天下雨涨水，桩子正好在水面下。我们都知道这木桩的位置，所以可以踩着桩子过去。你不了解情况，怎么也不问一声呢？"

任何人都不喜欢骄傲自大的人，这种人在与他人合作中也不会被大家认可。你可能会觉得自己在某个方面比其他人强，但你更应该将自己的注意力放在他人的强项上，只有这样，你才能看到自己的肤浅和无知。因为团队中的任何一位成员，都可能是某个领域的专家，所以你必须保持足够的谦虚。谦虚会让你看到自己的短处，这种压力会促使你在团队中不断地进步。

其实，人和人没有本质上的区别，就像一句谚语中说的那样："光滑的瓷器来自泥土，一旦破碎就归于泥土。"再高的学历也只代表过去，而只有学习力才能代表将来。尊重有经验的人，才能少走弯路。一个好的团队，也应该是学习型的团队。

正如一个人初到一个新的单位，没有方向是很正常的，但要学会尊重同事，虚心求教。刚到公司，所有的工作对你来说都是陌生的，因此多向同事求教是进步快的方式。要有一种从零做起的心态，放下架子，尊重同事，不论对方年龄大小，只要比你先来公司，都是你的老师，你只有虚心请教，不断学习加上埋头苦干。

谦虚可以使你永远把自己置于学习的地位，并有助于发现他人的优点。但是，谦虚决不是通常意义的客套与虚伪，也不是遇到工作时的退缩与推诿，更不是所谓的韬光养晦，深藏不露。如果公司需要你发挥自己的能力，并且你也有这样的能力，你必须知难而进，当仁不让，决不能把谦虚作为推卸责任的借口。

● 做一个可托大事的员工

有一个经典的故事：

日本一家电器公司的领导准备物色一位职员去完成一项重要的工作，在对众多的应聘者进行筛选时，他只问一个问题："在你以往的工作中，你犯过多少次错误？"

他最终把工作交给了一个犯过多次错误的员工。开始工作前，他交给该员工一本《错误备忘录》，嘱咐道："你犯过的错误都属于你的工作成绩，但是你要记住，同样的错误属于你的只有一次。"这说明，上司会给员工犯错的机会，但总是不希望下属犯同样的错误。

人非圣贤，孰能无过？员工也一样，不论多么优秀的人也肯定是要犯错误的，只有无所事事的人才不会犯错。聪明员工的可贵之处是能在每次犯错误之后，接受教训，及时总结经验，同样的错误绝不犯第二次。但一个人要真正做到不犯二次过错，其实也是非常不容易的事情。

在单位，一个人犯第一次错误叫不知道，第二次叫不小心，第三次叫故意。

不要以不小心作为犯错误的借口，更不能故意去犯错误。如果你能对你的上司说："领导，您放心，这是我第一次犯这个错误，也是最后一次。"那你就非常不简单了。不过你能够说到做到吗？如果能，那你早晚会脱颖而出。

你敢说你的工作流程都很完善？事实上，任何一个工作流程都不是十全十美的，都有改善的可能。最糟糕的是大家都无所谓，安于现状，不对它进行改善。一个组织没有进步，这点做得不好是重要的原因。大家都不想改善，而你却做到了，你就同他人不一样，上司也会喜欢你，看重你。

一个人不管才学高低，也不管能力大小，生活都会给你一个立足的位置。这位置在哪儿，对于成功来说并不重要，重要的是你要坐到忠实的对面，敢于面对它。不管是站在哪个位置上，你都没理由草草应付，你都必须尽心尽力。这既是

在这个世界上，没有人能保证你成功，只有你自己；也没有人能阻挠你成功，除了你自己。

对工作负责，也是对自己负责。所以，成功的人都明白，什么事情都要自己主动去做，并且要为自己的行为负责。因为在这个世界上，没有人能保证你成功，只有你自己；也没有人能阻挠你成功，只有你自己。

缺乏责任感的员工，不会视企业的利益为自己的利益，也就不会因为自己的所作所为影响到企业的利益而感到不安，更不会处处为企业着想，在任何一个企业，责任感是员工生存的根基。

缺乏责任感难免会失职，一个员工与其为自己的失职找寻借口，倒不如坦率地承认自己的失职。领导会因为你能勇于承担责任而不责难你；相反，敷衍塞责，推诿责任，找借口为自己开脱，不但不会得到理解，反而会产生更大的负面作用，让领导觉得你不但缺乏责任感，而且还不愿意承担责任。没有谁能做得尽善尽美，但是，如何对待已经出现的问题，能看出一个人是否能够勇于承担责任。

没有哪一位领导会对没有责任意识的员工给予深深的信任，没有多少人可以面临大是大非的抉择，也没有多少人的责任感会经受大是大非的考验，从小事就可以看出一个员工是否真的对企业有责任感，这也是考核员工的一个重要方面。

如果你曾经为自己担当责任而感到沉重和压力重重，那么我告诉你，你还没有正确地理解责任的含义。责任意味着勇气、坚强、爱和无私。当你有勇气承担责任时，你正在给予别人爱和无私。难道你不为自己所做的一切感到骄傲吗？如果你有勇气，就把曾经放弃的责任重新捡拾起来，你不会被人嘲笑而会得到他人尊敬的。如果你有勇气，就别放弃正压在你身上的责任，如果你能再坚持一下，你就可能获得成功。

如果你有勇气，就准备承担将要承担的责任吧，你会从此明白你存在的价值。还有比担当责任更让人骄傲的吗？很高兴能够为企业承担责任，这会让你觉得对于企业而言，自己并不是可有可无。相信你，你从没有懈怠过自己的责任。

如果你这样要求自己，如果你按照内心对自己的要求去做事，我相信，那么，你一定是一个可托大事的人。

思考题：

1. 当领导提拔一个能力不如你的同事时，你会感到不公平吗？你准备怎样与新上司相处？

2. 根据你的体会，简单论述一下做事与做人的关系。

团队精神

　　成功的企业不仅有大批优秀的员工，还有由优秀员工组成的优秀团队。一个公司的原材料可以购置，员工可以招聘，资金可以筹借，唯有优秀的团队精神是必须自己培养的。因此，对于员工的团队精神，企业都特别重视。对员工而言，公司就是你的船，在船上，有船长、大副、水手，也有锅炉工和厨师，大家需要相互理解和协作，他们有驶往彼岸的共同愿景，他们愿意为此共同奋斗。在面对困难的时候，他们深知沟通的力量，他们做事到位，敢于越位，及时补位。他们胜利了！

● 阿伯拉肖夫的魔法

读过《这是你的船》这本书的人都知道，该书的作者迈克尔·阿伯拉肖夫原本是美国导弹驱逐舰"本福尔德号"的舰长。1997年6月，当迈克尔·阿伯拉肖夫接管本福尔德号的时候，船上的水兵士气消沉，很多人都讨厌待在这艘船上，甚至想赶紧退役。

但是，两年之后，这种情况彻底发生了改变。全体官兵上下一心，整个团队士气高昂。本福尔德号变成了美国海军的一只王牌驱逐舰。

迈克尔·阿伯拉肖夫用什么魔法使得本福尔德号发生了这样翻天覆地的变化呢？概括起来就是一句话："这是你的船！"

记住：在公司这条船上，你是主人，不是一个乘客！

迈克尔·阿伯拉肖夫对士兵说：这是你的船，所以你要对它负责，你要与这艘船共命运，你要与这艘船上的官兵共命运。所有属于你的事，你都要自己来决定，你必须对自己的行为负责。

从那以后，"这是你的船"就成了本福尔德号的口号。所有的水兵都觉得管理好本福尔德号就是自己的职责所在。

现在，我们假定你是本福尔德号舰船上的一员。不管你是大副，还是水手，你是机械师，还是船舱底下的司炉工，你该怎样对待你的工作岗位？你是不是有责任、有义务照管好你的"本福尔德号"？这其实不需要其他任何理由，因为这是你的船。

既然选择为一个公司工作，你就是公司的一员。同样，不管你是机修工，还是推销员；你是会计，还是出纳；也不管你是技术开发人员，还是部门经理；哪怕你仅仅是一名仓库保管员，或者是内部的清洁工。这些都无关紧要，最重要的是你在公司这条船上，你必须和公司共命运。你必须和所有的公司员工同舟共济，乘风破浪，驶向你们的目标港。

只要你是公司的员工，你就是公司这条船的主人。你必须以主人的心态来管理照料这条船，而不是以一个"乘客"的心态来渡过人生的浩瀚大海。

如果你把自己当做乘客，那么，对待公司的态度就会发生根本性的变化。一旦这条船出现问题，你首先想到的是自己如何逃生，而不是想办法解决问题，克服困难，渡过危机。

看过电影《泰坦尼克号》的人都会有很深刻的印象，当船出现了问题以后，乘客们多是慌慌张张，逃生救命。而船上的工作人员呢，从船长到水手，都在有条不紊地开展各种救生工作，或是发 SOS 求救信号，或是放救生艇、救生筏，或是指挥各方营救妇女儿童先上救生艇。当能够实施的措施都用完了之后，船长则整理好自己的制服，回到他的办公室，与其他誓死恪守自己岗位的船员们安静地选择了与泰坦尼克号同生死、共命运。

我们不说这样的悲剧性结局，太过悲壮的东西总让人不好接受。我们设想这是一条满载幸福和希望、开往充满阳光和鲜花的彼岸的船。你就是船上的大副，那么你可以在船长不在的情况下努力编写航海日志，认真履行船长交给的任务。即使没有任何任务交代，作为一名大副，你也要担当起责任来，去努力协调各个部门做好舰艇的维护和保养工作。

既然我们都是这条舰艇上的船员，它是我们战斗和生活的地方，自觉地维护这条舰艇，就是保障我们的生命不受到威胁。

与公司共命运，就是因为这是你的船!

为共同愿景奋斗

如果把公司比喻为一只船，那么它只能向一个方向前进，那就是目标的方向。

既然登上了公司这条船，你就是船上的一员。你必须和公司的员工同舟共济，向着共同的目标迈进，这就是共同的愿景，所有员工都应坚持这个方向并为之努力奋斗。

如果把公司比喻为一只船，那么它只能向一个方向前进，那就是目标的方向。

有一部取材自罗马奴隶角斗士的电影，名叫《斯巴达克》（Spartacus）。斯巴达克在公元前71年领导一群奴隶起义，他们两度击败罗马大军。但是，在克拉苏（Marcus Crassus）将军长期的包围攻击之后，最后还是被征服了。

在电影中有这样一个情节:

克拉苏告诉几千名斯巴达克部队的生还者说:"你们曾经是奴隶，将来还是奴隶。但是罗马军队慈悲为怀，只要你们把斯巴达克交给我，我就会把你们全部免除死刑。"

经过一段长时间的沉默之后，斯巴达克站起来说:"我是斯巴达克。"紧接着，与他隔邻的人站起来说:"我才是斯巴达克。"下一个人站起来也说："不，我才是斯巴达克。"在一分钟之内，被俘虏军队里的每一个人都站了起来，并且自称斯巴达克。

这个故事是否是虚构的并不重要，重要的是它给我们带来的更深一层的启示。这个故事的关键情节在于，每一个站起来的人都无畏无悔、义无反顾地选择了受死！是什么力量支持他们做出这样的选择呢？

其实这个部队所忠于的并不是斯巴达克个人，而是由斯巴达克所激发的"共同愿景"，即有朝一日可成自由之身。这个愿景是如此让人难以抗拒，尤其对失去自由的奴隶而言，以至于没有人愿意放弃它。

"共同愿景"并不是单纯一个人的想法，它是在一个共有的组织里，人们共同企盼的理想境界，共同追求的理想目标。它是人们心中一股令人深受感召的力量。刚开始时可能只是被一个想法所激发，然而一旦进而发展成感召一群人的支持时，就不再是个抽象的东西，人们开始把它看成是具体存在的。在人类群体活动中，很少有像共同愿景能激发出这样强大的力量。

我们在工作中能够表现出的自觉和自律，其根源也是共同愿景。作为一名普通的员工，必须和大家有着共同愿景，就是把我们辛苦为之奋斗的企业做得更大更强。一个团队也有自己团队的目标和愿景，它激励着我们为之奋斗。环境的变化并不应该成为员工放弃追求、自甘懒散的理由。

一个企业会在不同时期树立不同的发展目标，作为一名普通的员工，要使自己的工作目标同企业的发展愿景结合在一起，这样的"合拍"不仅为企业快速实现愿景加重了砝码，同时，对于个人的发展也起到了催化剂的作用。

● 甲板上的 "网"

还是一个关于船的故事：

有一只军舰在海上航行。船员被严格地规定：每天都要到甲板上列队做几组俯卧撑。

海上如果风平浪静还好，有时候海上的浪非常大，船被海浪拍打得摇摇晃晃，但每个船员仍必须在甲板上做俯卧撑。有时候，一个大浪过来，船身倾斜，船员们常常被晃得东倒西歪。

后来，有一个军官提议，后排的船员在做俯卧撑时，双手握着前面一排船员的脚踝。这样，大家相互握着前一排船员的脚踝，形成了一个稳固的结构，就好像被粘在了甲板上一样，再也不必担心被晃散了。

这个故事向我们昭示了这样一个道理：一个团队的全体成员必须相互依靠彼此的力量，才能结成一张 "牢固的网"。同时，彼此之间也才能产生相互影响的力量。

随着分工的精细化，公司内部的协作越来越重要。没有了协作与配合，公司的运作就会失去控制，当然更谈不上什么效率了。因此，一个优秀的员工一定是一个善于与他人合作的员工，在公司的整体运作方面，我行我素的个人英雄主义有时是非常有害的。比如下面的例子：

远古的时候，上帝在创造着人类。随着人类的增多，上帝开始担忧，他怕人类的不团结会造成世界大乱，从而影响他们稳定的生活。

为了检验人类之间是否具备团结协作、互助互帮的意识，上帝做了一个试验：他把人类分为两批，在每批人的面前都放了一大堆可口美味的食物，但是，却给每个人发了一双细长的筷子，要求他们在规定的时间内，把桌上的食物全部吃完，并不许有任何的浪费。

比赛开始了，第一批人各自为政，只顾拼命地用筷子夹取食物往一个优秀的员工一定是一个善于与他人合作的员工，在公司的整体运作方面，我行我素的个人英雄主义有时是非常有害的。

自己的嘴里送，但因筷子太长，总是无法够到自己的嘴，而且因为你争我抢，造成了食物极大的浪费。上帝看到此，摇了摇头，为此感到失望。

轮到第二批人开始了，他们一上来并没有急着要用筷子往自己的嘴里送食物，而是大家一起围坐成了一个圆圈，先用自己的筷子夹取食物送到坐在自己对面人的嘴里，然后，再由坐在自己对面的人用筷子夹取食物送到自己的嘴里。就这样，每个人都在规定时间内吃到了整桌的食物，并丝毫没有造成浪费。

第二批人不仅仅享受了美味，从此，还建立了彼此之间的信任和好感。上帝看了，点了点头，为此感到希望。

但世界总是不完美的，于是，上帝为第一批人的背后贴上五个字：利己不利人；而在第二批人的背后贴上另外五个字：利人又利己！

在每一个快速成长的企业中，领导们都希望自己团队的员工都是那种利人又利己的人，而决不会选择那种利己不利人的人。

利己不利人的人只顾着干完自己手头的事，就赶紧坐在一旁休息，似乎不愿意浪费一丝一毫的力气；那种利人又利己的人则会想方设法团结周围的人，与大家一起朝着一个共同的目标努力。

前者可谓目光短浅，殊不知眼前的小利只

是短暂的。你现在休息了，却也错过了表现自我的机会。尽管领导不在，但你何尝知道领导不会了解此时的情况呢？而后者懂得团结周围的人，一起努力，尽管他没有突出个人的力量，但是作为积极努力的员工，迟早会得到领导的嘉奖的。

作为一个公司的员工，团结协作的团队精神是相当重要的。如果你有了这种精神，你就能够满怀愉快的心情和你的同事齐心协力完成任务目标。有很多工作即使不是你分内的事，但是，如果保持这种心态，你也会非常乐意帮助别人。因为在他们工作的时候，可能仅仅就是因为你的一把助力，使他们顺利完成了各项预定的任务。

记得联想董事会主席柳传志说过这样一句话：联想不缺乏中层人才，唯独缺乏那些能够顾全大局、能够为公司把舵的高级人才。站得高才能看得远，肚量大才能成就事业，如果一个员工每日只沉溺于自己的工作而忽视整体协作，那他的职业生涯必将因短视与狭隘受到影响。

在一个团队里，有多大的胸怀，就能够干多大的事业。

⬤ 沟通的力量

有一则广告说，有了宽带网，可以"沟通无限"。实际上在公司内部，无形的沟通，即不借助电话线和网络线的沟通更为直接和有用。

在同一个公司里，员工之间、上下级之间的沟通是非常重要的。有了沟通大家可以达成共识；有了沟通，同事之间可以消除很多误解；有了沟通，能够在公司内部创造和谐宽松的工作环境。因此，在公司里，你一定要学会和别人沟通。

记得在《圣经·旧约》上说，人类的祖先最初讲的是同一种语言。他们在底格里斯河和幼发拉底河之间，发现了一块异常肥沃的土地，于是就在那里定居下来，修起城池，建造起了繁华的巴比伦城。后来，他们的日子越过越好，人们为自己的业绩感到骄傲，他们决定在巴比伦修一座通天的高塔，来传颂自己的赫赫威名，并作为集合全天下弟兄的标记，以免分散。

因为大家语言相通，同心协力，阶梯式的通天塔修建得非常顺利，很快就高耸入云。

上帝耶和华得知此事，立即从天国下凡视察。上帝一看，又惊又怒，因为上帝是不允许凡人达到自己的高度的。他老人家看到人们这样统一强大，心想，人们讲同样的语言，就能建起这样的巨塔，日后还有什么办不成的事情呢？于是，上帝决定让人世间的语言发生混乱，使人们互相言语不通。人们各自讲起不同的语言，感情无法交流，思想很难统一，就难免出现互相猜疑，各执己见，争吵斗殴。这就是人类之间误解的开始。

修造工程因语言纷争而停止，人类的力量消失了，通天塔终于半途而废。

看看沟通的力量吧，连上帝也会为之惊惧的。

在现实的工作中，你可能会发现周围的同事来自不同的地方，大家都是在一种完全陌生的状态下开始合作的。因此，工作中的不协调时有发生，你需要抽出不少的时间来处理和同事之间的冲突和误会。其实有很多冲突纯属是误会，只是大家面对一个问题从不同的侧面进行理解的问题。确实，人人都相信自己是对

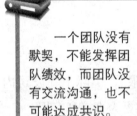

一个团队没有默契，不能发挥团队绩效，而团队没有交流沟通，也不可能达成共识。

的，很少有人主动或坦诚地承认自己错了，这除了需要勇气外，还需要有实事求是的态度。工作中出现的问题，主要原因还是没有事先统一思想引起的。

身边没有管事的人在了，也就是说领导一时不在了，似乎每个人都可以有自己的一套想法，可是真的每个人的想法都能实现吗？或者说每个人的想法都切实可行吗？一个人纵使具有相当的能力，如果没有发号施令的人在场也会流于沉默。一个企业就是一个团队，每个成员不单单要听组织者的发号施令，同时也要学会积极主动地与他人进行沟通。

一个团队没有默契，不能发挥团队绩效，而团队没有交流沟通，也不可能达成共识。因此，应该积极鼓励身边每一个人都要将自己放在一个掌握企业命运的高度上，善用任何沟通的机会，为自己创造出更多的沟通途径，与自己身边的成员充分交流，这样才能凝聚团队共识。

你应该时刻记住，要建立企业的"通天巨塔"，就要让自己同其他"讲同一种语言的弟兄们"一起树立信心，一起朝着同一目标奋斗。

确实，当我们面对一个完全陌生的人时，我们之间是不了解的，相互之间的交往会有很多困难。但人人都是从陌生到熟悉的，而熟悉的过程就是理解和认识的过程，而良好的沟通恰恰可以加速缩短这个熟悉的过程。在接下来的工作中，我们将充分发挥沟通的效力。通过各种各样的方式，主动和身边的同事进行交流和沟通，了解他们的经历、教育背景、工作能力、认识水平以及对工作、生活的态度，了解他们的长处和弱点，这一过程会让我们了解人的多样性，也能够切实体会与人进行良好沟通的重要性。

重要的是我们要将自己视为企业的管理者，每个人都应该从这个角度来看待与其他同事的沟通问题，承认它是自己很重要的工作内容之一。如果能够与身边的同事进行积极有效的沟通，除了能够了解彼此的特长外，还能增进相互之间的理解和信任，尤其重要的是渴望成功的你可以在沟通中悄悄地施加影响，将你的思路、想法更好地传递给他人。

在一个公司里，最大的风险就在于每一个人都是具体而复杂的。如果一个人没有认识到某事，他是不会积极参与并完成这项事情的。反过来，如果一个人理解和相信某事，他一定会想办法做好它。沟通正好能够达到这个目的。良好的沟通会让你的好的想法和思路能够很好地传递给对方并得到对方的认同，从而会产生积极的效果——对方会因为理解和认同你的想法或思路而努力去达成它。只有这样大家才能劲往一块儿使，众志成城，去构建企业的"通天巨塔"。

所以，无论如何要记住：沟通让我们的距离更近。

● 到位，越位与补位

积极主动地工作往往能够使你的工作成果更加突出；相反，被动应付会使许多工作都做不到位，更不必说完美了。

要到位，不要越位。这是足球比赛的规则。准确地说，这项规则只规定了不准越位，到不到位则是一种战术安排，甚至是锋线队员的战术意识。

这项规则也被用于其他方面，比如我的一位前辈老师，因为理论贡献突出被选为全国政协委员。做了委员当然要经常开会，议论国家大事，这时候就有领导经常告诫他老人家说，要到位，不要越位。

那么，对于公司的员工而言，即使大家都

能够以领导的心态去对待自己的工作，尽可能积极主动，尽可能维护公司利益，但是，也同样存在着要到位的问题，那该不该越位呢？公司的管理总是要划分范围和层级的。通常情况下，做事情必须到位，不应该越位，但是，如果你的领导或同事出现缺位的时候，就必须及时补位。

一方面是要到位。公司的员工都有自己明确的工作范围和职责范围，你首先必须保证工作到位，做好自己的本职工作。同时，责任边界总是会有交叉的地方，同事之间、上下级之间在责任边界上会经常存在模糊地带。这个时候，往往需要自己积极主动，多承担一些责任，不能有责任的盲区。这是对到位的基本要求。

另一方面，要到位还是一种工作态度。积极主动的工作往往能够使你的工作成果更加突出；相反，如果不积极主动去工作，许多工作都做不到位。

有一个北京名牌大学的研究生，毕业之后到深圳工作。由于自恃才高，做起事情来总是不认真，觉得这些小事情让我一个名牌大学的研究生来做，岂不是让鲁智深去看菜园吗？因此，做起事来总是马马虎虎，甚至偷奸耍滑，应付了事。特别是大家在一起工作的时候，自己能少干就少干，团队意识极差，谁都不愿意与他在一起工作。结果是自己处境越来越糟糕，最后成为一个潦倒落魄的人。我们应该以此为鉴，始终以积极的态度去工作，才能够把工作做得圆满、到位。一个人的工作态度其实往往也是其人生的态度。

一般的规则要求是要到位，不要越位。不要越位是说公司的有些事情牵涉到管理权限，如果没有上级的授权，超越了管理权限也会导致权责不清。无论如何，应该由你负责的事情，就一定要管住管好；不该你管的事情，则要根据实际情况，主动配合主管人员把事情处理好。特别是当领导不在的时候，更要以公司利益为重，从维护公司利益的目的出发，从拓展公司业务的角度出发，把相关的工作做好。紧急关头要"敢于越位"。任何领导都不会对那些敢于负责，因为要负责而越位的人给予处罚的。相反，他们会感谢敢于负责的人，感谢他们的"越位"和团队精神。

需要强调的一点是，团队精神最需要"及时补位"。我们在第一章曾列举过一个领导不在的例子，两个公司的员工，一个一推了之，一个及时补位，其结果是显而易见的——前者使公司失去了一笔生意，后者则为公司创造了很大的效益。

在工作中，我们会经常遇到主管不在，领班不在，同事不在，或是经理不在，领导不在。这都需要我们及时补位，才能使自己和部门的工作的效率得到有效的提升。当领导不在的时候，因为没有领导的授权，员工当然可以拒绝客户的业务，这可以保证员工不会越位。但是，领导不在也是出现缺位的时候，此时真正需要的可能是及时的补位，你不及时补位就有可能造成公司利益的损失。前面提到的肖云龙所遇到的第二家经销公司的女职员虽然是新来的员工，但却能够及时补位，这种主动精神不正是领导所赞赏和需要的吗？

在团队精神的激励下，一旦工作有缺位，要及时补位。那么，这将是一个无往不胜的团队！

思考题：

1. 你是怎样理解团队精神的？你自己做得怎么样？
2. 你是否有要补位又怕越位的想法？为什么？

Think about it